biblioteca borges

coordenação editorial
davi arrigucci jr.
heloisa jahn
jorge schwartz
maria emília bender

o *martín fierro*, para as seis cordas & evaristo carriego

jorge luis borges

tradução

heloisa jahn

COMPANHIA DAS LETRAS

grafia atualizada segundo o acordo ortográfico da língua portuguesa de 1990, que entrou em vigor no brasil em 2009.

título original
el *martín fierro*
para las seis cuerdas
evaristo carriego

preparação
márcia copola

foto página 1
© Akg Images/ latinstock

revisão
huendel viana
ana maria barbosa

para a elaboração de suas notas, a tradutora utilizou o dicionário de regionalismos do rio grande do sul, de zeno cardoso nunes e rui cardoso nunes (porto alegre: martins, 2010).

a tradutora agradece a contribuição inestimável de marcio suzuki.

Dados Internacionais de Catalogação na Publicação (CIP)
(Câmara Brasileira do Livro, SP, Brasil)

Borges, Jorge Luis, 1899-1986.
O *Martín Fierro*, para as seis cordas & Evaristo Carriego / Jorge Luis Borges; tradução Heloisa Jahn. — 1ª ed. São Paulo: Companhia das Letras, 2017.

Título original: El *Martín Fierro* : para las seis cuerdas & Evaristo Carriego.
ISBN 978-85-359-2865-5

1. Hernandez, José, 1834-1886. Martín Fierro 2. Poesia argentina I. Título.

13-02723 CDD-ar861

Índice para catálogo sistemático:
1. Poesia: Literatura argentina ar861

[2017]

EDITORA SCHWARCZ S.A.
rua Bandeira Paulista, 702, cj. 32
04532-002 – São Paulo – SP
telefone (11) 3707-3500
www.companhiadasletras.com.br
www.blogdacompanhia.com.br
facebook.com/companhiadasletras
instagram.com/companhiadasletras
twitter.com/ciadasletras

o *martín fierro*

para as seis cordas

evaristo carriego

o *martín fierro* (1953)

(com margarita guerrero)

prólogo

Há quarenta ou cinquenta anos os leitores do *Martín Fierro* eram tão numerosos quanto são agora os de Van Dine ou Emilio Salgari; essa leitura às vezes clandestina e sempre furtiva era um prazer, e não uma obrigação pedagógica. Agora, porém, o *Martín Fierro* é um livro clássico, e o qualificativo parece sinônimo de tédio. Pelo simples fato de serem tantas, as edições eruditas contribuem para a difusão desse equívoco; a incontestável extensão do doutor Tiscornia foi atribuída ao poeta comentado por ele. Na verdade o *Martín Fierro* não tem mais que oitenta páginas, e podemos começar sua leitura e concluí-la, sem correr muito, num único dia. Quanto ao vocabulário da obra, já veremos que é menos regional que o de Estanislao del Campo ou o de Lussich.

Edições cuidadas há muitas. Talvez a melhor delas seja a de Santiago M. Lugones (Buenos Aires, 1926), cujas notas lacônicas, obra de alguém familiarizado com nosso campo, são utilíssimas para a compreensão do texto. Mais conhecida é a de Eleuterio Tiscornia, publicada em 1925; as palavras necessárias sobre esse livro foram escritas por Ezequiel Martínez Estrada (*Muerte y transfiguración de Martín Fierro*, II, 219).

O principal objetivo deste breve trabalho é incentivar a leitura do *Martín Fierro*. Contudo, nosso livro é elementar; para levar adiante o estudo do *Martín Fierro*, são indispensáveis *El payador* (1916), de Leopoldo Lugones, e *Muerte y transfiguración de Martín Fierro* (1948), de Ezequiel Martínez Estrada. O primeiro destaca os elementos elegíacos e épicos da obra; o segundo, o que há de trágico em seu mundo, e mesmo de demoníaco.

Irreverentes e de leitura muito amena são os *Folletos lenguaraces* [Folhetos linguarazes] (Córdoba, 1939-45), de Vicente Rossi. Uma das teses de Rossi é que o *Martín Fierro* é mais *orillero** que *gaucho*. De manuseio útil, ainda, é o *Vocabulario y frases de "Martín Fierro"* (Buenos Aires, 1950), de Francisco I. Castro, embora muitas vezes o autor procure o sentido das locuções obscuras no contexto do próprio poema, sem invocar outras autoridades. Assim, diz que a palavra "pango" significa "transtorno, tumulto, desordem, conflito, confusão", e nos remete ao canto 11, no qual se lê: "Mas o diabo enfiou a cauda e tudo virou *pango* [baderna]". Nos trechos que admitem duas interpretações, o senhor Castro costuma optar pelas duas. Esclarece que um *consuelo* é "*algún peso en el tirador y una china que lo amara*".**

Para a caracterização do paisano, é possível consultar *El gaucho* (Buenos Aires, 1945), de Emilio A. Coni; para a origem de seu nome, o capítulo "Treinta etimologías de Gaucho", do livro *El castellano en la Argentina* (La Plata, 1928), de Arturo Costa Álvarez.

J. L. B. e *M. G.*

* Os *orilleros* são os moradores dos arrabaldes, ou *arrabaleros*, frequentemente vindos das áreas rurais para a cidade. (As notas chamadas por asteriscos são da tradutora, e as notas numeradas, do autor.)

** algum dinheiro no tirador e o amor de uma china

a poesia gauchesca

A poesia gauchesca é um dos acontecimentos mais singulares registrados pela história da literatura. Não se trata, como a denominação poderia sugerir, de uma poesia feita por *gauchos*; pessoas letradas, senhores de Buenos Aires ou de Montevidéu, é que a compuseram. Apesar dessa origem culta, a poesia gauchesca é, como veremos, genuinamente popular, e esse mérito paradoxal não é o menor dos que nela encontraremos.

Os estudiosos que se perguntaram sobre as fontes da poesia gauchesca quase sempre se limitaram a uma: a vida pastoril, que até o século XX foi típica do pampa e das coxilhas. Essa fonte, condizente sem dúvida com a digressão pitoresca, não basta; a vida pastoril foi típica de muitas regiões da América, de Montana e do Oregon até o Chile, mas esses territórios, até o momento, abstiveram-se energicamente de redigir *El gaucho Martín Fierro*. Não bastam, portanto, o rijo pastor e o deserto.

Alguns historiadores de nossa literatura — Ricardo Rojas é o exemplo mais evidente — querem derivar a poesia gauchesca da poesia dos *payadores** ou improvisadores pro-

* No campo argentino, *payador* é um cantor popular que improvisa sobre

fissionais da zona rural. O fato de que o metro octossilábico e as formas estróficas (sextilha, décima, copla) da poesia gauchesca coincidam com as características da poesia dos *payadores* parece justificar essa genealogia. Há, porém, uma diferença fundamental. Os *payadores* do campo nunca versificaram em linguagem deliberadamente plebeia e usando imagens derivadas das tarefas rurais; o exercício dessa arte é, para o povo, um assunto sério e até solene. A segunda parte do *Martín Fierro* nos propicia, a respeito, um testemunho a que ninguém até hoje deu maior importância. O poema inteiro foi escrito em linguagem rústica, ou que pretende estudadamente ser rústica; nos últimos cantos, o autor apresenta um desafio entre dois *payadores* numa venda do interior no qual os oponentes esquecem o pobre mundo pastoril que os rodeia e abordam com inocência ou temeridade grandes temas abstratos: o tempo, a eternidade, a melodia da noite, a melodia do mar, o peso e a medida. É como se o maior dos poetas gauchescos tivesse querido apontar a distância que separa seu trabalho deliberado das irresponsáveis improvisações dos *payadores*.

É o caso de supor que dois fatores foram necessários para a formação da poesia gauchesca. Um, o estilo de vida dos *gauchos*; outro, a existência de homens da cidade que se identificaram com esse estilo de vida e cuja linguagem habitual não era tão diferente da do campo. Se tivesse existido o dialeto gauchesco que certos filólogos (quase todos espanhóis) estudaram ou inventaram, a poesia de Hernández seria um pastiche artificial, e não a coisa autêntica que conhecemos.

---

os mais diversos temas, acompanhando-se ao violão; cantador repentista.

A poesia gauchesca, de Bartolomé Hidalgo a José Hernández, se apoia numa convenção que quase não o é, à força de ser espontânea. Ela pressupõe um cantor *gaucho*, um cantor que, diferentemente dos *payadores* genuínos, utiliza de forma deliberada a linguagem oral dos *gauchos* e se vale dos traços diferenciais dessa linguagem, em oposição à linguagem urbana. O grande mérito de Bartolomé Hidalgo é ter descoberto essa convenção, um mérito que sobreviverá às estrofes redigidas por ele e que tornou possível a obra ulterior de Ascasubi, Estanislao del Campo e Hernández.

Podemos acrescentar uma circunstância de ordem histórica: as guerras que uniram ou apartaram essas regiões. Na guerra da independência, na guerra com o Brasil e nas guerras civis, homens da cidade conviveram com homens do campo, se identificaram com eles e puderam conceber e executar, sem falsificação, a admirável poesia gauchesca.

O precursor foi o montevideano Bartolomé Hidalgo. A circunstância de que em 1810 ele fosse barbeiro fomentou nos historiadores o prazer pedante proporcionado pelos sinônimos; Lugones, que o critica, utiliza o termo "rapabarbas" [raspa-barbas, barbeiro]; Rojas, que o analisa, não se resigna a prescindir do termo "rapista" [raspador, barbeiro]. Declara-o, num golpe de pena, *payador*; para assim ilustrar sua doutrina de que a poesia gauchesca tem como ponto de partida a poesia popular. Admite, porém, que as primeiras composições de Hidalgo foram sonetos e odes em hendecassílabos;* inútil recordar que esses gê-

* No Brasil seriam decassílabos, porque na língua portuguesa a última sílaba de um verso só é contada, para efeitos de métrica poética, caso ela seja tônica — como em francês; em espanhol, conta-se até uma sílaba átona após a tônica.

neros são inacessíveis ao povo, para o qual o único metro perceptível é o octossílabo,* e tudo mais é prosa. Pesquisas realizadas em Montevidéu (ver revista *Número*, 3, 12) constataram que Hidalgo começou escrevendo *melólogos*, palavra estranha que significa "ação cênica geralmente para um só personagem, com um comentário sinfônico que ora mescla o fundo sonoro à voz do autor, ora se alterna com a palavra para sublinhar sua expressividade ou antecipar o sentimento que em seguida será declarado". O melólogo também foi designado como *unipessoal*. Hoje é possível perceber que o objetivo final desse gênero, elaborado na Espanha e sem dúvida trivial ou entediante, foi sugerir a Hidalgo a poesia gauchesca. Sabemos que suas primeiras composições foram os *Diálogos patrióticos*, nos quais dois *gauchos* — o capataz Jacinto Chano e Ramón Contreras — evocam fatos ocorridos na pátria. Neles Bartolomé Hidalgo encontra a entonação do *gaucho*. Em minha curta experiência de narrador, constatei que saber como fala um personagem é saber quem ele é, que encontrar uma entonação, uma voz, uma sintaxe peculiar, é encontrar um destino.

Não citarei versos de Hidalgo; fatalmente cometeríamos o anacronismo de condená-los, apoiando-nos no cânone de seus continuadores famosos. Contentemo-nos em ter presente que nas estrofes alheias que citarei estará de algum modo a voz de Hidalgo, imortal, secreta e modesta.

Hidalgo foi soldado e lutou nas guerras cantadas por seus *gauchos*. Nos períodos de pobreza vendia pessoalmente pelas ruas seus *Diálogos patrióticos*, impressos

* No Brasil seria um heptassílabo.

em folhas coloridas. Por volta de 1823 faleceu obscuramente de uma moléstia pulmonar, no povoado de Morón. Sua vida e sua obra foram estudadas por Martiniano Leguizamón e Mario Falcao Espalter (*El poeta oriental Bartolomé Hidalgo*, Montevidéu, 1918).

Bartolomé Hidalgo pertence à história da literatura; Ascasubi, à literatura e também à poesia. Em *El payador*, Lugones sacrifica os dois diante da glória maior do *Martín Fierro*. Esse sacrifício decorre do hábito de reduzir todos os poetas gauchescos a meros precursores de Hernández. Essa tradição envolve um erro; Ascasubi não prefigura o *Martín Fierro*, já que sua obra é radicalmente diferente e persegue outros objetivos. O *Martín Fierro* é triste; os versos de Ascasubi são felizes e altivos e têm um caráter visual, totalmente alheio ao estilo de Hernández. Lugones recusou toda e qualquer virtude a Ascasubi, o que parece paradoxal, visto que Lugones, poeta visual e decorativo, tem afinidade com Ascasubi. Uma coragem florida e um gosto pelas cores límpidas e pelos objetos precisos são os traços que o definem. Assim, no início de *Santos Vega*:

El cual iba pelo a pelo
en un potrillo bragao,
flete lindo como un dao
que apenas pisaba el suelo
*de livianito y delgao.**

* O qual ia de pelo a pelo/ sobre um potrilho bragado/ flete belo como um dado/ que mal punha o pé no chão/ de tão leve e tão delgado.

É esclarecedor, também, comparar o registro pouco dramático dos *malones** no *Martín Fierro* à encenação imediata e teatral de Ascasubi. Hernández destaca o horror de Fierro ao presenciar a invasão e a depredação; Ascasubi (*Santos Vega*, 13) põe diante de nossos olhos a investida de léguas e mais léguas de índios:

Pero, al invadir la indiada
se siente, porque a la fija
del campo la sabandija
juye delante ajustada
y envueltos en la manguiada
vienen perros cimarrones,
zorros, avestruces, liones,
gamas, liebres y venaos
y cruzan atribulaos
por entre las poblaciones.

Entonces los ovejeros
coliando bravos torean
y también revolotean
gritando los teruteros;
pero, eso sí, los primeros
que anuncian la novedá
con toda seguridá
cuando los pampas avanzan
son los chajases que lanzan
volando: ¡chajá! ¡chajá!

* Ataques intempestivos de grupos de índios.

Y atrás de esas madrigueras
que los salvajes espantan,
campo ajuera se levantan
como nubes, polvaderas
preñadas todas enteras
de pampas desmelenaos
que al trote largo apuraos,
sobre los potros tendidos,
cargan pegando alaridos
*y en media luna formaos.**

Ascasubi participou das guerras civis, da Guerra do Brasil, da Grande Guerra do Uruguai, e viu, no decorrer de sua vida errante, milhares de coisas; é curioso que a mais vívida de suas páginas descreva, para sempre, algo que ele nunca viu: as invasões dos índios na fronteira da província de Buenos Aires. Não inutilmente a arte, antes de mais nada, é uma modalidade de sonho.

Na Paris de 1870, Ascasubi compôs o quase interminável romance métrico *Santos Vega*; exceto algumas pá-

* Mas, quando os índios investem,/ se percebe, pois é certo/ que a bicharada do campo/ foge deles assustada/ e metidos no tropel/ seguem cachorros-do-mato,/ raposas, emas e onças,/ gamos, lebres e veados/ que cruzam atarantados/ o espaço entre as povoações.// E então os cães ovelheiros,/ alegres, valentes, ladram/ e também revoluteiam,/ gritando, os quero-queros;/ mas, isso sim, os primeiros/ a apregoar a notícia/ com absoluta certeza/ sempre que os puelches avançam/ são os tachãs, que arrojam,/ voando: tachã! tachã!// E atrás dessas madrigueiras/ que os selvagens afugentam,/ campo afora se levantam/ como nuvens, polvadeiras/ prenhes todas, de alto a baixo/ de puelches descabelados/ que a trote largo, apressados,/ corpo tenso sobre os potros,/ investem num alarido/ formados em meia-lua.

ginas famosas, esse trabalho singularmente lânguido prejudicou a fama póstuma de seu autor. O melhor de Ascasubi está disperso em *Aniceto el Gallo* e em *Paulino Lucero*. Uma antologia de Ascasubi, recolhida de todas as suas obras, serviria melhor a sua glória que as reimpressões mecânicas do *Santos Vega* com que as editoras aparentemente se deleitam.

Antes de deixar Ascasubi, recordemos duas vistosas décimas de sua autoria, a primeira dedicada ao coronel Marcelino Sosa, que guerreou os federais, ou *blancos*:

Mi coronel Marcelino,
valeroso guerrillero,
oriental pecho de acero
y corazón diamantino;
todo invasor asesino,
todo traidor detestable
y el rosín más indomable
rinden su vida ominosa,
donde se presenta Sosa
*¡y a los filos de su sable!**

E esta, em que revive um baile no campo:

Sacó luego a su aparcera
la Juana Rosa a bailar

* Meu coronel Marcelino,/ valoroso guerrilheiro,/ oriental peito de aço/ e coração diamantino;/ todo invasor assassino,/ todo traidor detestável/ e o rocim mais indomável/ rendem as vidas funestas/ onde quer que surja Sosa/ e às lâminas de seu sabre!

y entraron a menudiar
media caña y caña entera.
¡Ah, china!, si la cadera
del cuerpo se le cortaba,
pues tanto lo mezquinaba
en cada dengue que hacía,
que medio se le perdía
*cuando Lucero le entraba.**

Mais que gauchesco, o tom de Ascasubi é, às vezes, de *orillero criollo*,** de *orillero* do campo. Essa característica (que anuncia certas cruezas do *Martín Fierro*) o diferencia de seu inspirador Bartolomé Hidalgo, cujo âmbito, malgrado algumas tiradas chulas, é o dos paisanos decentes.

Ascasubi nasceu na província de Córdoba em 1807 e morreu em Buenos Aires em 1875. Ricardo Rojas destacou com acerto a valentia do homem que, na praça sitiada de Montevidéu, multiplicou os impetuosos improvisos contra Rosas e Oribe; recordemos que naquela cidade outro publicista unitário, Florencio Varela, fundador e redator do *El Comercio del Plata*, foi assassinado pelos *mazorqueros*.***

* Tirou depois a parceria/ Juana Rosa pra dançar,/ e dançavam sem parar/ meia-canha e canha inteira./ Ah, china! se as cadeiras/ do seu corpo ele cortava,/ tanto você se esquivava/ nos dengues que lhe fazia,/ que meio que o perdia/ sempre que Lucero entrava.

** O *criollo* é o descendente de espanhóis, branco, considerado representante da "raça" argentina.

*** Membros da Mazorca, sociedade secreta e terrorista a serviço de Juan Manuel de Rosas.

Uma vez ou outra Hilario Ascasubi, como se quisesse apontar sua filiação relativamente à poesia de Hidalgo, assinou-se *Jacinto Chano*; Estanislao del Campo, amigo e continuador de Ascasubi, assinou-se *Anastasio el Pollo*, variação notória de *Aniceto el Gallo*. Sua obra mais conhecida é o *Fausto*, poema que, à maneira dos primitivos, poderia prescindir de impressão, porque continua vivendo em muitas memórias, especialmente de mulheres; o fato basta para sugerir que o caráter gauchesco do *Fausto* é menos essencial que formal. Com efeito, de todas as composições que estudaremos, nenhuma exibe um vocabulário mais deliberadamente rural e nenhuma, talvez, esteja mais distante da mentalidade do camponês. Alguns detratores — Rafael Hernández, irmão de José, talvez tenha sido o primeiro — acusaram Estanislao del Campo de não saber o que é um *gaucho*. Até a pelagem do cavalo do herói foi examinada e reprovada. Tais censuras comportam um anacronismo. Em mil oitocentos e sessenta e tantos, em Buenos Aires, o difícil não era conhecer o *gaucho*, mas ignorá-lo. O campo se confundia com a cidade, e a plebe local era *criolla*. Além disso, o coronel Estanislao del Campo combateu no cerco de Buenos Aires, em Pavón, em Cepeda e na Revolução de 74; a tropa comandada por ele, em especial a cavalaria, era formada por *gauchos*. Os erros apontados no *Fausto* são distrações, decorrentes justamente do desleixo de alguém que discorre sobre um assunto que conhece muito bem, alguém que não perde tempo verificando detalhes. Talvez Estanislao del Campo não fosse muito versado em trabalhos rurais, mas não podia ignorar, repetimos, a psicologia nada complexa do *gaucho*.

Também se afirmou que o argumento do *Fausto* é convencional, já que um *gaucho* não conseguiria acompanhar os episódios de uma ópera e não toleraria sua música. Isso é verdade, mas podemos supor que seja parte da caçoada geral da obra. Mais importante que algumas metáforas que destoam e que a pelagem do impugnado *overo rosao* [cavalo oveiro; alazão baio rosado] que não recebe permissão para ser parelheiro, é a cordialidade do poema. Sua virtude central está na amizade que transparece no diálogo dos parceiros. Estanislao del Campo deixou outras composições *criollas*; a mais conhecida, *Gobierno gaucho*, propõe reformas análogas às preconizadas no *Martín Fierro*. As décimas que se seguem constam de uma carta a Hilario Ascasubi, que embarcou para a Europa em 1862:

Hasta al Espíritu Santo
le rogaré por ustedes,
y a la Virgen de Mercedes
que los cubra con su manto,
y Dios permita que en tanto
vayan por la agua embarcaos,
no haiga en el cielo ñublaos,
ni corcovos en las olas,
ni el barco azoten las colas
de los morrudos pescaos.

Aquí este triste cantor
sus versos fieros remata
y en el cañuto los ata
de su barco de vapor.
No extrañe que ni una flor

vaya en mi pobre concierto:
no da rosas el desierto,
ni da claveles el cardo,
ni dio nunca un triste nardo
*campo de yuyos cubierto.**

De Estanislao del Campo, consta que era valente; nas campanhas contra Urquiza envergava o uniforme de gala para entrar em combate e, mão direita no quepe, saudava as primeiras balas. A simpatia do trato pessoal perdura em sua obra escrita.

Os poetas cuja obra acabamos de considerar foram declarados precursores de Hernández. Na verdade nenhum deles o foi, exceto quanto ao objetivo comum de dar voz aos *gauchos*, com entonação ou léxico campesino. O poeta que agora estudaremos e cuja obra é quase desconhecida na margem de cá do Prata foi, muito precisamente, precursor de Hernández, e seria o caso de dizer que não foi outra coisa. Na página 189 de *El payador*, Lugones escreve:

> Dom Antonio Lussich, que acabava de escrever um livro elogiado por Hernández, *Los tres gauchos orientales*, tendo

* Mesmo ao Espírito Santo/ hei de rogar por vocês,/ e à Virgem das Mercês/ que os recubra com seu manto,/ e Deus permita que enquanto/ seguem pela água embarcados,/ no céu não existam nuvens/ e nem nas ondas corcovos,/ nem fustiguem o navio/ as caudas dos peixes gordos.// Aqui este triste cantor/ seus versos feros remata/ e os pendura nos canudos/ de seu navio a vapor./ Não queira que haja uma flor/ neste meu pobre concerto:/ não há rosas no deserto,/ nem nascem cravos do cardo,/ nem deu nunca um triste nardo/ campo de joio coberto.

como protagonistas indivíduos *gauchos* da revolução uruguaia denominada "Campanha de Aparicio", forneceu-lhe, ao que parece, o oportuno estímulo. A remessa da mencionada obra a Hernández resultou em sua feliz ideia. A obra do senhor Lussich foi publicada em Buenos Aires pela gráfica La Tribuna no dia 14 de junho de 1872. A carta com que Hernández felicitou Lussich agradecendo a remessa do livro é do dia 20 dos mesmos mês e ano. O *Martín Fierro* saiu em dezembro. Galhardos e geralmente adequados à linguagem e às peculiaridades do camponês, os versos do senhor Lussich formavam quadras, redondilhas, décimas e também as sextilhas dos *payadores* que Hernández adotaria como as mais típicas.

O livro de Lussich, no início, é menos uma profecia do *Martín Fierro* que uma repetição, bastante canhestra, é verdade, dos colóquios de Ramón Contreras e Chano. Três veteranos relatam suas *patriadas* [patriotadas]. Suas narrativas, contudo, não se limitam à informação histórica, e incluem grande quantidade de confidências autobiográficas e queixas patéticas ou indignadas que antecipam, quase verbalmente, o *Martín Fierro.* Seu tom não é o de Ascasubi nem o de Hidalgo; é, já, o de Hernández. Este, em *El gaucho Martín Fierro*, dirá:

Yo llevé un moro de número
¡sobresaliente el matucho!,
con él gané en Ayacucho
más plata que agua bendita.
Siempre el gaucho necesita
un pingo pa fiarle un pucho.

Y cargué sin dar más güeltas
con las prendas que tenía;
jergas, poncho, cuanto había
en casa, tuito lo alcé.
A mi china la dejé
media desnuda ese día.

No me faltaba una guasca;
esa ocasión eché el resto:
bozal, maniador, cabresto,
lazo, bolas y manea.
¡El que hoy tan pobre me vea
*tal vez no creerá todo esto!**

Antes, Lussich escrevera:

Me alcé con tuito el apero,
freno rico y de coscoja,
riendas nuevitas en hoja
y trensadas con esmero;
una carona de cuero
de vaca, muy bien curtida;
hasta una manta fornida
me truje de entre las carchas,

* Levei mouro garantido/ de primeira, era o danado!,/ ganhei com ele em Ayacucho/ mais dinheiro que água benta./ Sempre precisa, o *gaucho*,/ de um pingo pa' fiar-lhe um pucho.// Carreguei-o sem delongas/ com as coisas que possuía;/ mantas, poncho, a tralha toda/ da casa, pus no seu lombo./ A minha china deixei/ meio nua nesse dia.// Não me faltava uma guasca;/ na ocasião peguei o resto:/ buçal, maneador, cabresto,/ laço, boleadeira, peia./ Quem me vê hoje tão pobre/ talvez não creia em tudo isso!

y aunque el chapiao no es pa marchas
lo chanté al pingo en seguida.

Hice sudar al bolsillo
porque nunca fui tacaño:
traiba un gran poncho de paño
que me alzaba al tobillo
y un machazo cojinillo
pa descansar mi osamenta;
quise pasar la tormenta
guarecido de hambre y frío
sin dejar del pilcherío
ni una argolla ferrugienta.

Mis espuelas macumbé,
mi rebenque con virolas,
rico facón, güenas bolas,
manea y bosal saqué.
Dentro el tirador dejé
diez pesos en plata blanca
pa allegarme a cualquier banca
pues al naipe tengo apego,
y a más presumo en el juego
no tener la mano manca.

Copas, fiador y pretal,
estribos y cabezadas
con nuestras armas bordadas,
de la gran Banda Oriental.
No he güelto a ver otro igual
recao tan cumpa y paquete.

¡Ahijuna! encima del flete
como un sol aquello era.
¡Ni recordarlo quisiera!
Pa qué, si es al santo cuete.

Monté un pingo barbiador
como una luz de ligero.
¡Pucha, si pa un entrevero
era cosa superior!
Su cuerpo daba calor
y el herraje que llevaba
como la luna brillaba
al salir tras de una loma.
Yo con orgullo y no es broma
*en su lomo me sentaba.**

* Montei de apero completo,/ belo freio de coscós,/ rédeas novinhas em folha/ e trançadas com esmero;/ uma carona de couro/ de vaca, mui bem curtida;/ até u'a manta fornida/ tirei do meio dos trastes,/ não era apero de marcha/ mas cobri com ela o pingo.// Gastei o que foi preciso/ porque nunca fui sovina:/ vestia poncho de lã/ comprido até o tornozelo/ e um machaço coxinilho/ para descansar meus ossos;/ quis cruzar a adversidade/ sem passar fome nem frio/ sem perder, assim pilchado,/ nem um aro enferrujado.// As esporas de primeira,/ meu rebenque com virolas,/ belo facão, boas bolas,/ peia e buçal reuni./ No tirador eu deixei/ dez pesos em prata branca/ para entrar em qualquer banca/ pois tenho apego ao carteado,/ e por achar que no jogo/ minha mão não é canhestra.// Copas, fiador e correias,/ estribos e cabeçadas/ com nossas armas bordadas,/ da grande Banda Oriental./ Nunca mais vi outro igual,/ pingo compadre e faceiro./ Caramba! em cima do flete/ aquilo era como um sol./ Não gosto nem de lembrar!/ Pra quê, se não muda nada.// Montei um pingo valente,/ uma luz de tão veloz./ Pucha, que num entrevero/ era coisa superior!/ Seu corpo dava calor/ e a ferragem que levava/ feito a lua cintilava/ ao surgir de trás de um monte./ Eu com orgulho, e não brinco,/ em sua garupa sentava.

Dirá Hernández:

Ansí es que al venir la noche
iba a buscar mi guarida,
pues ande el tigre se anida
también el hombre lo pasa,
y no quería que en las casas
*me rodiara la partida.**

Dissera Lussich:

Y ha de sobrar monte o sierra
que me abrigue en su guarida,
que ande la fiera se anida
*también el hombre se encierra.***

Lussich prefigura Hernández, mas, se Hernández não tivesse escrito o *Martín Fierro* inspirado por ele, a obra de Lussich seria completamente insignificante e mal mereceria uma menção passageira nas histórias da literatura uruguaia. Anotemos, antes de passar ao tema capital de nosso livro, este paradoxo, que parece brincar magicamente com o tempo: Lussich cria Hernández, pelo menos em parte, e é criado por ele. Com menor assombro, poderíamos dizer que os diálogos de Lussich são

* Portanto ao cair da noite/ eu procurava guarida,/ pois onde o tigre se abriga/ também o homem o faz;/ não queria que nas casas/ a patrulha me cercasse.

** E há de sobrar monte ou serra/ que me acolha em sua guarida,/ porque onde a fera se abriga/ também o homem se encerra.

um rascunho ocasional, mas indiscutível, da obra definitiva de Hernández.

josé hernández

Lugones reivindicou para o *Martín Fierro* o nome de epopeia; essa grandiosa atribuição o obrigava a exaltar Hernández ou a imaginá-lo instrumento de uma inspiração superior. Optou (era o mais sensato) por esta última alternativa, e confrontou a excelência do poema à mediania do poeta. No sétimo capítulo de *El payador*, escreveu: "Hernández sempre ignorou a própria importância e seu gênio só se mostrou naquela ocasião... O poema compõe toda a sua vida, e, fora o poema, resta apenas o homem inteiramente comum, com as ideias medianas da época". Já veremos que esse juízo depreciativo padece de certo exagero.

Para a biografia de José Hernández, a fonte principal continua sendo o artigo que Rafael Hernández, seu irmão, incluiu na obra *Pehuajó: Nomenclatura de las calles*. A história do livro é curiosa. Em 1896, a municipalidade de Pehuajó determinou que se dessem às ruas e praças da cidade nomes de poetas argentinos; Rafael Hernández, que presidia o Conselho Deliberativo, publicou num volume as biografias dos homenageados; uma delas é a de José Hernández.

Hernández nasceu no dia 10 de novembro de 1834 na chácara dos Pueyrredón, no atual distrito de San Martín, várias léguas a noroeste de Buenos Aires. A família, pelo lado paterno, era federalista; pelo materno (os Pueyrredón), unitária. Sangue espanhol, irlandês e francês corria em suas veias.

Até completar seis anos, Hernández viveu no distrito de San Martín. Dos seis ao nove, numa granja de Barracas. Contava dezoito anos quando o pai, capataz de estâncias, levou-o consigo para o sul da província de Buenos Aires, região primitiva na época. Ali, relata seu irmão, "tornou-se *gaucho*, aprendeu a ginetear, participou de vários entreveros repelindo investidas de índios puelches, assistiu a volteadas* e acompanhou as grandes tarefas que o pai executava, e de que hoje não se faz ideia". Por volta de 1882, José Hernández recordaria com saudade aqueles tempos:

> Vocês, como eu, se alguma vez cruzaram os campos do Sul, terão visto imensas eguadas** bravias em que não havia uma só manada organizada, e que desapareceram completamente de uns anos para cá. Na época de Rosas havia tantas eguadas ariscas em alguns campos que para passar pelo meio delas conduzindo uma tropilha era necessário ter um homem à frente para impedir que o gado fosse envolvido e carregado pelas manadas de éguas que atravessavam o caminho em disparada ao perceber a presença de humanos. Eram animais inteiramente selvagens, de seis, oito, dez anos ou mais, que nunca haviam experimentado o domínio

* Excursões pelo campo em busca de gado extraviado.

** Manadas de equinos.

> do homem. Ali se formavam os ginetes domadores, os fortes boleadores, os pealadores famosos e os hábeis corredores das carreiras rurais. [*Instrucción del estanciero*, p. 269.]

Hernández viveu nove anos na campanha; em 1853, combateu em Rincón de San Gregorio. Em 1856 está em Buenos Aires exercendo o jornalismo. Depois, faz várias coisas na vida. Entrou no exército, do qual saiu devido a um duelo bastante misterioso, trabalhou como empregado no comércio, lutou em Cepeda contra sua província natal, trabalhou na contadoria de Paraná, foi taquígrafo dos corpos legislativos da Confederação e combateu, novamente ao lado de Urquiza, em Pavón e em Cañada de Gómez.

Em 1863 previu num jornal o assassinato de Urquiza ("Ali, em San José, cercado pelas honrarias da família, seu sangue há de tingir os salões de vermelho"); sete anos depois, sua previsão se realizou e Hernández militou, ao lado dos jordanistas, na fatídica campanha que teria um ponto final com a derrota de Ñaembé. Fugiu, dizem que a pé, e cruzou a fronteira com o Brasil. Algumas palavras reticentes estampadas no prólogo do *Martín Fierro* dizem que a composição dessa obra o ajudou a vencer o tédio da vida no hotel; Lugones acredita que essa referência é a um hotel da praça de Maio onde Hernández improvisaria o poema "em meio a sua tralha de conspirador"; outros supõem que alude a Santana do Livramento, onde os *gauchos* orientais e rio-grandenses o fariam lembrar-se dos *gauchos* de Buenos Aires. Algumas locuções próprias do campo uruguaio parecem justificar essa conjectura.

Escreve Ricardo Rojas:

> Na Assembleia Legislativa de Buenos Aires, debateu com homens como Leandro Alem e Bernardo de Irigoyen. Na política e na imprensa portenhas, conviveu com Navarro Viola e Alsina... Serviu à federação de Buenos Aires e à fundação de La Plata... Conferenciou sobre política no teatro Variedades com uma poderosa voz de órgão que os amigos elogiavam.

Carlos Olivera confirma: "Sua eloquência era como um aríete. Tinha, mais ou menos, o corpo de dois homens; sua voz era pura e potente, parecia um órgão de catedral. E que habilidade com as palavras!".

Em 1880 falou no enterro do amigo e rival Estanislao del Campo, no cemitério del Norte.

Viveu algum tempo em Buenos Aires, numa casa da praça que hoje se chama Vicente López.[1]

Seus últimos anos transcorreram numa quinta de Belgrano, que na época não era um bairro da capital, mas um vilarejo à parte. O irmão descreve a cena de sua morte:

> No fim, aquele colosso inclinou a robusta cabeça com a fragilidade de uma criança, no dia 21 de outubro de 1886, contando menos de 52 anos de idade, talvez minado por uma afecção cardíaca; em pleno gozo de suas faculdades até cinco minutos antes de expirar, conhecendo seu estado e dizendo-me: "Irmão, isto está acabado". Suas últimas palavras foram: "Buenos Aires, Buenos Aires..." e cessou.

1 Mandou pintar no saguão, por algum pincel tremebundo, o cerco de Paysandú, no qual combateu seu irmão Rafael.

Já observamos que o *Martín Fierro* não esgota a produção de Hernández. Em Buenos Aires ele fundou o jornal *El Río de la Plata*, em que formulava seu programa político da seguinte maneira: "Autonomia das localidades; municipalidades eletivas; abolição do contingente de fronteiras; elegibilidade dos juízes de paz, dos comandantes militares e dos conselhos escolares". Em 1863 publicou no jornal *El Argentino*, de Paraná, o folhetim *Vida del Chacho*, obra destinada a resgatar a memória do caudilho de Rioja Ángel Vicente Peñaloza e a atacar Sarmiento. Em 1880, Dardo Rocha, então governador de Buenos Aires, quis enviar Hernández para a Austrália para que estudasse sistemas agropecuários; Hernández recusou a oferta e se justificou por intermédio do livro *Instrucción del estanciero*, obra de *pioneer*, visto que numa de suas páginas lemos: "Até agora o único agrônomo que examinou as pastagens, o único químico que as analisou, é o animal que come o capim; engorda ou morre; e a isso esteve e continua estando limitado o estudo".

Outro parágrafo parece anunciar o *Don Segundo Sombra*:

> Tocar a boiada é a melhor maneira de entrar em contato com o conhecimento do homem do campo; sua firmeza para o trabalho; seu empenho no cumprimento dos deveres, sua resistência diante da água, do frio, do calor e, principalmente, do sono... O homem é posto à prova. É como o marinheiro na tormenta.

À parte sua principal obra, as composições poéticas de Hernández são insignificantes. Não obstante, merece perdurar uma descrição *gaucha* da famosa tela *Os Trinta e Três Orientais*, do pintor uruguaio Blanes.

Convém esclarecer, a título de curiosidade, que Hernández era espírita.

Rafael Hernández, no texto que citamos, evoca sua admirável memória:

> Ditavam-lhe até cem palavras aleatórias, escritas fora do alcance de sua vista, e ele imediatamente as repetia de trás para diante, na ordem correta, salteadas e até improvisando versos e discursos sobre temas sugeridos, fazendo-as entrar na ordem em que haviam sido ditadas. Essa era uma de suas distrações favoritas em sociedade.

Sobre José Hernández já se disse que era partidário de Rosas; Pagés Larraya, no sexto capítulo da obra *Prosas del Martín Fierro* (Buenos Aires, 1952), refutou essa calúnia e tratou de enumerar uma série de provas testemunhais produzidas pela pena do próprio Hernández. Este, em 1869, declarou que Rosas havia caído "porque o reinado do despotismo não podia ser eterno", e cinco anos depois censurou aqueles que defendiam Rosas e escreveu estas palavras: "Tais confusões não apenas falseiam descaradamente a verdade histórica como arrastam os povos americanos a perenes flutuações entre a verdade e o crime, e os levam à admiração e à apoteose de seus próprios verdugos". Por volta de 1884, retomou o assunto num discurso memorável: "Rosas dominou esta terra durante vinte anos; durante vinte anos seus amigos lhe pediram que desse uma Constituição à República; durante vinte anos Rosas recusou a oportunidade de constituir a República; durante vinte anos tiranizou, despotizou e ensanguentou o país...".

O servilismo e a crueldade do regime de Rosas eram recentes demais para que o autor do *Martín Fierro* pudesse defendê-lo; Hernández era federalista, mas não rosista.

Hernández acreditou que a imigração estrangeira destruiria, naquelas províncias, a atividade da criação de gado tal como a praticavam os *criollos*. Em 1874 escreveu, numa carta aos editores da oitava edição do *Martín Fierro*:

> Nos tempos que correm, um país cuja riqueza tenha por base a criação de gado, tal como a província de Buenos Aires e as demais do litoral argentino e oriental, pode mesmo assim ser tão respeitável e civilizado quanto o que é rico devido à agricultura, ou o que o é devido a suas abundantes minas ou pela perfeição de suas fábricas... A criação de gado pode constituir a principal fonte de riqueza de uma nação, a mais abundante delas, e mesmo assim essa sociedade pode estar provida de instituições tão livres quanto as mais adiantadas do mundo... e possuir Universidades, Colégios, um jornalismo efervescente e ilustrado; legislação própria, círculos literários e científicos.

Tais afirmações são discutíveis, mas permitem que se adivinhe a convicção *criolla* de que a atividade pastoril produz homens valentes e generosos, e a agricultura ou a indústria, homens mesquinhos e avarentos.

Essas e outras ideias ou opiniões de Hernández respaldam, de alguma maneira, o poema. Pagés Larraya (obra citada, p. 77) se apoia nelas para contradizer Leopoldo Lugones, que concluiu que "em nenhuma obra o fenômeno da criação inconsciente é mais perceptível". Em nossa opinião, Lugones tem razão. O *Martín Fierro* pode ter sido uma obra proselitista, e é verossímil e mesmo provável que não tivesse existido sem o estímulo de certas convicções. Estas, contudo, não esgotam o valor do poema, que, como todas as obras destinadas à imortalidade, tem raízes profundas e inacessíveis às intenções conscientes de seu autor. O *Quixote* foi criado com o objetivo de reduzir ao absurdo os romances de cavalaria, mas é bem sabido que excede infinitamente esse propósito paródico. Hernández escreveu para denunciar injustiças locais e temporais, mas em sua obra entraram o mal, o destino e a desventura, que são eternos.

o gaucho martín fierro

Com a Batalha de Ayacucho, travada pelos exércitos de Sucre em 1824, consumou-se a Independência da América; meio século depois, em campos da província de Buenos Aires, a Conquista ainda não chegara a termo. A mando de Catriel, de Pincén ou de Namuncurá, os índios invadiam as estâncias dos cristãos e roubavam o gado; para lá de Junín e de Azul, uma linha de fortes assinalava a precária fronteira e fazia o possível para conter essas depredações. Na época, o exército desempenhava uma função penal; a tropa era composta, em grande parte, de malfeitores ou de *gauchos* arregimentados à força pelas patrulhas policiais. Esse alistamento ilegal, como o denominou Lugones, não tinha prazo fixo; Hernández escreveu o *Martín Fierro* para denunciar a prática. Pretendia deixar claro que aquelas levas eram um desastre para a gente do campo. O protagonista, no início, é impessoal; é um *gaucho* qualquer ou, de certa maneira, todos os *gauchos*. Depois, à medida que Hernández começou a imaginá-lo com maior precisão, definiu-se como Martín Fierro, o indivíduo Martín Fierro, que conhecemos intimamente, quem sabe como conhecemos a nós mesmos.

O poema se abre com esta estrofe:

Aquí me pongo a cantar
al compás de la vigüela;
que el hombre que lo desvela
una pena estrordinaria,
como la ave solitaria
*con el cantar se consuela.**

Na estrofe seguinte ("*Pido a los santos del cielo/ que ayuden mi pensamiento*"...), Lugones destacou a invocação aos deuses propícios, "que é um costume épico". Acrescentemos que tais invocações (que também estão presentes na poesia das nações orientais e cujo emprego foi preconizado por Dante numa epístola famosa) não são herança mecânica da *Ilíada*; provêm de uma convicção instintiva de que o poético não é obra da razão, mas algo ditado por poderes ocultos.

Toda obra de arte, por mais realista que seja, sempre postula uma convenção; no *Fausto*, um camponês que compreende e narra uma ópera; no *Martín Fierro*, a ficção de uma extensa *payada* autobiográfica repleta de queixas e bravatas totalmente alheias à mesura tradicional dos *payadores*. Já que mencionamos o *Fausto*, convém destacar também a diferença fundamental entre as estrofes iniciais dos dois poemas. É sabido que o *Fausto* começa assim:

* Aqui me ponho a cantar/ ao compasso da viola;/ que o homem atormentado/ por dor extraordinária,/ como a ave solitária/ com o cantar se consola.

En un overo rosao,
flete nuevo y parejito,
caía al bajo, al trotecito;
y lindamente sentao,
un paisano del Bragao,
de apelativo Laguna,
mozo jinetazo, ahijuna,
como creo que no hay otro,
capaz de llevar un potro
*a sofrenarlo en la luna.**

Estanislao del Campo distribui festivamente os termos *criollos*, e a estrofe pode ser incompreensível para um leitor espanhol. Hernández, por sua vez, não foi atrás de palavras diferenciais, e o crioulismo está na entonação e em uma ou outra deformação plebeia. Hernández não brinca de ser *gaucho* para divertir ou para divertir-se; Hernández, na primeira estrofe, já é naturalmente um *gaucho.*

As palavras "pena estrordinaria" servem para justificar a longa relação que se anuncia. Logo após, ele pondera sua facilidade de cantor:

Cantando me he de morir,
*cantando me han de enterrar.***

Fierro foi levado à força por uma patrulha de recruta-

* Sobre um alazão rosado,/ cavalo novo e treinado,/ baixava a encosta no trote;/ e lindamente sentado,/ um paisano do Bragado,/ a quem chamavam Laguna,/ bom cavaleiro, aijuna,/ como acho que não há outro,/ capaz de levar um potro/ e sofrená-lo na mosca.

** Cantando eu hei de morrer,/ cantando hão de me enterrar.

mento, e ali tiveram início suas desgraças; com emoção elegíaca ele rememora a antiga felicidade que um dia foi sua. Diz, resumindo sua sorte:

Tuve en mi pago en un tiempo
hijos, hacienda y mujer;
pero empecé a padecer
me echaron a la frontera,
¡y qué iba a hallar al volver!
*Tan sólo hallé la tapera.**[2]

Em outras estrofes, declara:

Yo he conocido esta tierra
en que el paisano vivía
y su ranchito tenía
y sus hijos y mujer...
Era una delicia el ver
cómo pasaba sus días...

* Tive em meu pago uma época/ filhos, criação, mulher;/ mas no meu padecimento/ me jogaram na fronteira,/ e o que achei ao voltar?/ Achei somente a tapera.

2 Em *Los tres gauchos orientales*, Lussich escrevera: "*Yo tuve ovejas y hacienda;/ caballos, casa y manguera;/ mi dicha era verdadera./ ¡Hoy se me ha cortao la rienda!// Carchas, majada y querencia/ volaron con la patriada/ ¡y hasta una vieja enramada/ que cayó... supe en mi ausencia!// La guerra se lo comió/ y el rastro de lo que jue/ será lo que encontraré/ cuando al pago caiga yo*". [Eu tive ovelhas e gado;/ cavalos, casa e curral;/ a ventura era real./ Hoje tudo isso acabou!// Trastes, manada e querência/ sucumbiram às *patriadas*/ e até uma velha ramada/ que caiu... soube, em minha ausência!// A guerra devorou tudo/ e o rastro do que existiu/ é tudo o que encontrarei/ quando voltar para o pago.]

Éste se ata las espuelas,
se sale el otro cantando,
uno busca un pellón blando
éste un lazo, otro un rebenque,
y los pingos relinchando
los llaman dende el palenque.

El gaucho más infeliz
tenía tropilla de un pelo,
no le faltaba un consuelo,
y andaba la gente lista...
Tendiendo al campo la vista,
*sólo vía hacienda y cielo.**

Já se disse que José Hernández quis contrapor a vida feliz das estâncias no tempo de Rosas à decadência e à desolação de seu tempo, e que essa contraposição é inteiramente falsa, porque os *gauchos* nunca tiveram uma idade de ouro como a que ele descreve. Seria o caso de responder que sempre exageramos as felicidades que perdemos, e que, se o quadro não é fiel à realidade da história, sem dúvida é fiel à nostalgia e ao desalento do cantor. Alguns analistas viram no verso "*no le faltaba un consuelo*" uma alusão econômica; em nosso entendimen-

* Eu conheci aquela terra/ onde o camponês vivia/ e possuía um ranchinho/ e seus filhos e mulher.../ Era uma delícia ver/ como passava seus dias...// Este afivela as esporas,/ o outro se afasta cantando,/ um quer pelego macio/ este um laço, outro um rebenque,/ e os cavalos relinchando/ a chamá-los do palanque.// O *gaucho* mais infeliz/ tinha tropilha de um pelo,/ não lhe faltava um consolo,/ e tinha disposição.../ Alçando o olhar para o campo,/ via apenas gado e céu.

to, trata-se de uma alusão amorosa. Um consolo, aqui, é uma mulher.

Até os elementos da refeição são evocados com emoção carinhosa:

Venía la carne con cuero,
la sabrosa carbonada,
mazamorra bien pisada,
los pasteles y el güen vino...
Pero ha querido el destino
*que todo aquello acabara.**

E o destino, de fato, muda de repente:

Cantando estaba una vez
en una gran diversión,
y aprovechó la ocasión
como quiso el Juez de Paz:
se presentó, y ahí no más
*hizo una arriada en montón.***

Fierro foi mandado para um dos fortes da fronteira. Como se sabe, a obra de Hernández foi considerada um poema épico; das muitas partes que a compõem, essa, que trata da vida militar, é a menos épica. Rigores e arbitrarie-

* A carne vinha com o couro,/ a gostosa *carbonada*,/ *mazamorra* bem socada,/ as tortas e o bom vinho.../ Contudo quis o destino/ que tudo aquilo acabasse.

** Cantando estava uma vez/ numa grande diversão,/ e aproveitou a ocasião/ como quis o Juiz de Paz:/ se apresentou e ali mesmo/ fez convocação geral.

dades, malfeitos dos pagadores e dos chefes, inépcia dos recrutas italianos,[3] soldos atrasados, castigos físicos, os açoites e o cepo colombiano[4] esgotam a matéria desses cantos.

Essa ausência do elemento épico tem uma explicação. Hernández queria realizar o que hoje se denominaria trabalho antimilitarista, e isso o obrigou a escamotear ou mitigar o elemento heroico, para que os rigores padecidos pelo protagonista não se impregnassem de glória. Assim, os *malones*, que nas estrofes de Ascasubi e Echeverría eram épicos, não o são nas de Hernández. Ao descrever um combate, este sublinha o temor inicial do herói, exatamente como farão mais adiante os escritores pacifistas da Primeira Guerra Mundial. Fierro entra em luta com

3 O "gringo", nas páginas do *Martín Fierro*, é motivo de escárnio. Entre o agricultor e o pastor (entre Caim e Abel), o ódio é antigo. No início o desprezo do *gaucho* pelo colono era o desprezo do cavaleiro pelo homem que trabalha a terra, o desprezo que o profano e o incompetente inspiram ao técnico. Depois, à medida que a agricultura foi substituindo a criação de gado, essa relação se inverteu... A xenofobia dos *gauchos* deixou de limitar-se a ataques verbais. No dia 10 de janeiro de 1873, um homem conhecido como Tata Dios [Papai Deus] reuniu cem *gauchos* ao pé da pedra movediça do Tandil e executou quarenta europeus antes que as autoridades o capturassem e fuzilassem.

4 "CEPO. Dispositivos para sujeitar o prisioneiro e ao mesmo tempo torturá-lo. São duas pesadas vigas unidas numa das extremidades por dobradiças e fechadas na outra com cadeado. Cada uma das duas vigas apresenta cavidades em forma de semicírculo correspondentes às da outra, de modo que quando o cepo é fechado essas cavidades formam círculos, os maiores para o pescoço e os outros para as pernas. O prisioneiro fica jogado no chão, preso pelas pernas ou pelo pescoço" (Santiago M. Lugones, p. 41). Para remediar a ausência desses dispositivos, que costumavam faltar nos acampamentos, "atavam-se com força as mãos do réu pelos punhos, estando este sentado no chão com os joelhos encolhidos, passavam-se-lhe os braços por fora deles e se colocava um pau ou fuzil embaixo dos joelhos e por cima dos braços" (Francisco I. Castro). Esse era o cepo de campanha, ou cepo colombiano.

um índio; esse duelo guerreiro (que Rojas considera um dos mais belos episódios da obra) nos impressiona menos que os seguintes, que terão lugar nas pulperias:

Dios le perdone al salvaje
las ganas que me tenía...
Desaté las tres marías
y lo engatusé a cabriolas...
Pucha... si no traigo bolas,
me achura el indio ese día...

Era el hijo de un cacique,
sigún yo lo averigüé.
La verdá del caso jue
que me tuvo apuradazo,
hasta que al fin de un bolazo
del caballo lo bajé.

Ahí no más me tiré al suelo
y lo pisé en las paletas.
Empezó a hacer morisquetas
y a mezquinar la garganta...
Pero yo hice la obra santa
*de hacerlo estirar la jeta.**

* Deus que perdoe ao selvagem/ as ganas com que me via.../ Desatei as três-marias/ girei-as, deixei-o tonto.../ Pucha, se estou sem as bolas,/ nesse dia o índio me pica...// Era o filho de um cacique,/ como averiguei mais tarde./ O certo do caso foi/ que fiquei num grande aperto,/ até acertar um bolaço/ e apeá-lo do cavalo.// Na hora saltei ao chão/ e pisoteei sua paleta./ Ele fez muita careta/ e desviava a garganta.../ Mas realizei a obra santa/ de vê-lo bater as botas.

Assim se passam três anos; um dia começam a pagar a tropa, mas não a Fierro, porque seu nome não está na lista. Fierro se dá conta de que não pode esperar nada daquela vida e resolve fugir do forte. Para desertar, aproveita uma farra do chefe e do juiz de paz e volta para seu rancho:

Volví al cabo de tres años
de tanto sufrir al ñudo,
resertor, pobre y desnudo
a procurar suerte nueva,
y lo mismo que el peludo
enderecé pa mi cueva.

No hallé ni rastro del rancho —
¡sólo estaba la tapera! —
Por Cristo, si aquello era
pa enlutar el corazón.
¡Yo juré en esa ocasión
ser más malo que una fiera!

Sólo se oiban los aullidos
de un gato que se salvó.
El pobre se guareció
cerca, en una vizcachera.
Venía como si supiera
*que estaba de güelta yo.**

* Voltei passados três anos/ de tanto sofrer debalde,/ desertor, pobre e sem nada/ buscando um novo destino,/ e tal como o tatupeba/ tomei o rumo da toca.// Não achei rastro do rancho —/ achei somente a tapera! —/ Por Cristo, que aquilo era/ de enlutar o coração./ Jurei naquela ocasião/ ser mais cruel que uma fera!// Só se ouviam os miados/ de um gato que se

A mulher partiu com outro, os filhos se arrumaram como peões e trabalham sabe lá onde. Fierro não teve nenhuma notícia deles durante os longos anos de ausência; perdeu-os, talvez para sempre, na ausência de comunicação da pobreza desvalida e analfabeta. Resolve então ser um *gaucho* sem casa e sem rumo certo; melhor dizendo, o destino tomou essa decisão por ele.

Fierro, que era um paisano direito, respeitado por todos e respeitoso, agora é um vagabundo e um desertor. Aos olhos da sociedade, um delinquente, e esse juízo geral determina que o seja, porque todos tendemos a parecer o que pensam de nós. A vida de escaramuças, os sofrimentos e a amargura modificaram seu caráter. A isso se acrescenta a influência do álcool, vício comum, na época, em nosso campo. A bebida o torna brigão. Numa venda, insulta uma mulher, obriga o companheiro dela, um negro, a lutar e o assassina brutalmente num duelo a faca. Escrevemos que ele assassina o negro, e não que o mata, porque o insultado que se deixa arrastar para uma luta que outro lhe impõe já está se deixando vencer por esse outro. A cena, não menos impiedosa que *La Refalosa*, de Hilario Ascasubi, talvez seja a mais conhecida do poema — e merece a fama que tem. Infelizmente para os argentinos, é lida com indulgência ou com admiração, e não com horror. A cena acaba assim:

Por fin en una topada,
en el cuchillo lo alcé,

---

salvara./ O coitado se abrigara/ logo ali, num murundu./ Vinha como se soubesse/ que quem voltava era eu.

y como un saco de güesos[5]
contra un cerco lo largué.

Tiró unas cuantas patadas,
y ya cantó pa el carnero.
Nunca me puedo olvidar
de la agonía de aquel negro.

En esto la negra vino,
con los ojos como ají,
y empezó la pobre allí
a bramar como una loba.

Yo quise darle una soba
a ver si la hacía callar,
mas pude reflesionar
que era malo en aquel punto,
y por respeto al dijunto
no la quise castigar.

Limpié el facón en los pastos,
desaté mi redomón,
monté despacio y salí
al tranco pa el cañadón.[*]

5 Um *criollo* diria *una bolsa* [e não "*un saco*"]. Estamos, aqui, diante de um dos hispanismos do poema. Pouco antes, o poeta dissera: "*Pues malicié que aquel tío...*" ["Pois desconfiei que aquele *tío*": a designação "*tío*" para um homem é tipicamente espanhola].

* Por fim em um encontrão,/ com a faca o levantei,/ e como um saco de ossos/ contra uma cerca o joguei.// Ele esperneou um pouco,/ e pouco depois morreu./ Nunca mais vou esquecer/ a agonia desse negro.// Nisso

Não sabemos se o desejo de "castigar" a mulher do negro é mais uma brutalidade ou um capricho de bêbado; mais piedoso é imaginar a segunda hipótese. O "montei devagar" do penúltimo verso corresponde ao propósito evidente de não dar mostras de temor nem de remorso.

Depois dessa briga haverá outra, em outra venda. Diferentemente da anterior, que contou com grande fartura de traços circunstanciais, a de agora é quase abstrata e muito breve; Lugones diz: "O poeta volta para sua estrofe; mas, para não repetir-se num quadro forçosamente análogo, utilizará somente dezoito versos". Talvez seja lícito imaginar que essa outra morte indeterminada significa muitas, e que Hernández preferiu sugeri-las assim.

Martín Fierro se torna um desertor refugiado nos campos e vive a céu aberto, nos matagais. Uma das características mais admiráveis do poema é a presença da paisagem, sem descrição direta. No *Fausto* ou em *Don Segundo Sombra*, as muitas descrições parecem externas à índole do paisano, para quem o céu, por exemplo, só existe como profecia de chuva ou de bom tempo; no *Martín Fierro*, o pampa aparece sugerido, com admirável refinamento:

Y en esa hora de la tarde
en que tuito se adormece,
que el mundo dentrar parece
a vivir en pura calma,

---

a negra apareceu,/ com olhos de pimentão,/ e começou, a coitada,/ a soltar urros de loba.// Eu quis lhe dar uma sova/ pra ver se ela se calava,/ mas consegui refletir,/ nesse ponto, que era errado,/ e por respeito ao defunto/ resolvi não castigá-la.// Limpei o facão na grama,/ desatei meu redomão,/ montei devagar e saí/ no tranco pa'o canhadão.

con las tristezas de su alma
al pajonal enderiece...

Es triste en medio del campo
pasarse noches enteras
contemplando en sus carreras
las estrellas que Dios cría,
sin tener más compañía
*que su soledá y las fieras.**

Numa dessas noites da lhanura, a patrulha policial cerca Martín Fierro para prendê-lo pelas mortes que deve:

Como a perro cimarrón
me rodiaron entre tantos;
yo me encomendé a los santos
*y eché mano a mi facón.***

A luta se trava na escuridão. Fierro, que defende sua vida, combate com um desespero que os outros não têm, e mata ou fere a muitos dos agressores; essa coragem impressiona o sargento que comanda a patrulha e que, incrivelmente para nós, passa para o lado do malfeitor e luta contra seus próprios homens. Sua decisão decorre do

* E nessa hora da tarde/ em que tudo se adormece/ e o mundo se põe, parece,/ a viver em pura calma,/ com as tristezas de sua alma/ ao matagal se dirige...// É bem triste em pleno campo/ quedar-se noites inteiras/ a contemplar as carreiras/ das estrelas que Deus cria,/ sem ter outra companhia/ senão solidão e feras.

** Como a um cachorro vadio/ vários deles me cercaram;/ eu me encomendei aos santos/ e empunhei o meu facão.

fato de que naquelas terras o indivíduo nunca se sentiu identificado com o Estado. Esse individualismo pode ser uma herança espanhola. Recordemos aquele significativo capítulo do *Quixote* em que este liberta os presidiários e diz que "Não está certo que os homens honrados sejam os verdugos dos outros homens, ainda mais sem ganhar nada com isso".

Tal vez en el corazón
lo tocó un santo bendito
a un gaucho que pegó el grito
y dijo: — ¡Cruz no consiente
que se cometa el delito
de matar ansí a un valiente!

Y ahí no más se me apareció,
dentrandolé a la partida.
Yo les hice otra embestida,
pues entre dos era robo;
y el Cruz era como lobo
que defiende su guarida...

Ahí quedaban largo a largo
los que estiraron la jeta;
otro iba como maleta,
y Cruz de atrás les decía:
— Que venga otra polecía
a llevarlos en carreta.

Yo junté las osamentas,
me hinqué y les recé un bendito;

hice una cruz de un palito,
y pedí a mi Dios clemente
me perdonara el delito
*de haber muerto tanta gente.**

Cruz lhe conta sua história, que (como observou Juan María Torres) é igual à de Fierro; também ele matou dois homens; um deles, um cantor que o provocara:

No ha de haber achocao otro:
le salió cara la broma.
A su amigo cuando toma
se le despeja el sentido,
y el pobrecito había sido
como carne de paloma.

Para prestar un socorro
las mujeres no son lerdas:
antes que la sangre pierda
lo arrimaron a unas pipas
Ahí lo dejé con las tripas
*como pa que hiciera cuerdas.***

* Quem sabe esse coração/ tocasse um santo bendito:/ do *gaucho* que num grito/ declarou: — Cruz não consente/ que se cometa o delito/ de assim matar um valente!// Então se juntou a mim,/ atacando o seu piquete./ Eu investi novamente,/ pois sendo dois era roubo;/ e o Cruz parecia um lobo/ defendendo sua guarida...// Lá ficaram estendidos/ os que bateram as botas;/ outro fugia às carreiras,/ e Cruz atrás lhes dizia:/ — Mandem vir outra polícia/ pa'levá-los na carreta.// Eu reuni os despojos,/ me perfilei e rezei;/ com um pau fiz uma cruz,/ e pedi a meu Deus clemente/ que me perdoasse o crime/ de matar aquela gente.

** Não insultou mais ninguém:/ saiu cara a brincadeira./ Se este seu amigo

Nesta parte do poema, Hernández esquece que Cruz, no meio do campo, está contando essas coisas a Fierro e o faz jactar-se de sua facilidade para dizê-las em verso...[6]

Trocadas essas confidências, os amigos resolvem atravessar o deserto e refugiar-se entre os índios. Martín Fierro diz:

Ya veo que somos los dos
astillas del mismo palo:
yo paso por gaucho malo
y usté anda del mismo modo;
y yo, pa acabarlo todo,
a los indios me refalo.

Allá no hay que trabajar,
vive uno como un señor;
de cuando en cuando un malón;
y si de él sale con vida,
lo pasa echao panza arriba
mirando dar güelta el sol.

Y ya que a juerza de golpes
la suerte nos dejó a flus,
puede que allá veamos luz
y se acaben nuestras penas.

---

bebe/ apura a noção das coisas,/ e aquele coitado foi/ como abater uma pomba.// Para prestar um socorro/ as mulheres não são lerdas:/ antes que o sangue ele perca/ encostam-no nuns tonéis./ Ali o deixei, com as tripas/ prontas para virar cordas.

6 Ver a estrofe que começa com: "*A otros les brotan las coplas...*".

Todas las tierras son güenas:
*vámosnos, amigo Cruz.**

Essas palavras são explícitas e sua intenção é clara; o serviço militar na fronteira fez de Fierro um vagabundo, depois um criminoso, e depois um fugitivo que evita a vida civilizada e procura abrigo entre os bárbaros. Ricardo Rojas, contudo, nos propõe, em sua *Literatura argentina*, esta interpretação singular:

> Um protesto anárquico instintivo parece manifestar-se na dramática autobiografia de Cruz (X, XI e XII) ou nas melancólicas reflexões de Fierro (XIII); mas, se olhamos bem, há nas palavras dos dois amigos uma rebelião sacrossanta. Se ambos reclamam daquela organização, é porque sonham com outra melhor...

Cruz e Fierro se internam na planície, e pressentimos que se perdem. Para os argentinos, talvez não haja em toda a literatura estrofes mais inesgotavelmente comovedoras que as seguintes:

Cruz y Fierro de una estancia
una tropilla se arriaron;

* Já estou vendo que os dois somos/ farinha do mesmo saco:/ eu passo por *gaucho* mau/ e o senhor a mesma coisa;/ e eu, para arrematar,/ vou para a terra dos índios.// Lá não tem que trabalhar,/ vive-se como um senhor;/ de vez em quando um *malón*;/ e caso sobreviver,/ ficar de papo pro ar/ vendo dar voltas o sol.// Já que com tanta pancada/ ficamos mesmo sem nada,/ quem sabe lá vemos luz/ e se acabam nossas penas./ Todas as terras são boas:/ vamos-nos, amigo Cruz.

por delante se la echaron
como criollos entendidos,
y pronto sin ser sentidos
por la frontera cruzaron.

Y cuando la habían pasao,
una madrugada clara,
le dijo Cruz que mirara
las últimas poblaciones,
y a Fierro dos lagrimones
*le rodaron por la cara.**

Aquelas duas lágrimas silenciosas choradas ao nascer do sol, no momento de empreender a travessia do deserto, impressionam mais que uma queixa. A obra, como o *Paraíso perdido*, se encerra com duas figuras que se afastam e que se esfumam rumo a um futuro incerto. A segunda parte, escrita muitos anos depois, nos revelará qual foi o destino de ambos.

* Cruz e Fierro de uma estância/ uma tropilha roubaram;/ e para diante a tocaram/ como *criollos* entendidos,/ e sem serem percebidos/ a fronteira atravessaram.// E depois de haver passado,/ numa madrugada clara,/ Cruz disse a ele que olhasse/ as últimas povoações,/ e pelo rosto de Fierro/ rolaram dois lagrimões.

a volta de martín fierro

Não há livro duradouro que não inclua o sobrenatural. No *Martín Fierro*, como no *Quixote*, esse elemento mágico é dado pela relação do autor com a obra. Nas estrofes finais da primeira parte aparece um cantor, que notoriamente simboliza Hernández e que quebra o violão que acompanhou a história de Fierro.

Ruempo, dijo, la guitarra
pa no volverme a tentar.
Ninguno la ha de tocar,
por siguro tenganló;
pues naides ha de cantar
*cuanto este gaucho cantó.**

Essas palavras parecem indicar a intenção de não prosseguir o relato. Não obstante, lemos pouco adiante:

* Quebro, disse, esta viola/ pa'que não torne a tentar-me./ Ninguém mais há de tocá-la,/ podem disso ter certeza;/ pois ninguém há de cantar/ quanto este *gaucho* cantou.

Y siguiendo el fiel del rumbo,
se entraron en el desierto.
No sé si los habrán muerto
en alguna correría;
pero espero que algún día
*sabré de ellos algo cierto.**

Palavras que sugerem que o autor prosseguirá a história.

El gaucho Martín Fierro foi publicado em fins de 1872. Sete anos depois, onze edições do poema haviam se esgotado na República Argentina e no Uruguai, ou seja 48 mil exemplares, cifra enorme para a época. Em 1879 saiu *La vuelta de Martín Fierro*. No prólogo, Hernández explica que o público lhe fornecera esse título muito antes de ele ter pensado em escrever o livro.

No manuscrito, a estrofe inicial dizia:

Atención pido al silencio
y silencio a la atención
que voy en esta ocasión,
si me ayuda la memoria,
a contarles de mi historia
*la triste continuación.***

Hernández modificou os dois últimos versos tão notáveis, que agora se leem assim:

* Seguindo o rumo escolhido,/ entraram pelo deserto./ Ignoro se foram mortos/ em alguma correria;/ mas espero que algum dia/ saiba deles algo certo.
** Atenção peço ao silêncio/ e silêncio à atenção/ que vou, nesta ocasião,/ se me ajudar a memória,/ contar-lhes da minha história/ a triste continuação.

a mostrarles que a mi historia
*le faltaba lo mejor.**

Na versão definitiva há uma ponta de propaganda comercial. Lugones aprovou a alteração.

A segunda estrofe é admirável:

Viene uno como dormido
cuando vuelve del desierto.
Veré si a explicarme acierto
entre gente tan bizarra,
y si al sentir la guitarra
*de mi sueño me dispierto.***

Aqui o cantor é Martín Fierro, mas em seguida, sem deixar de sê-lo, é também Hernández, que pensa em sua glória e diz coisas que o *payador* não diria:

Aquí no hay imitación,
ésta es pura realidá.

Más que yo y cuantos me oigan,
más que las cosas que tratan,
más que lo que ellos relatan,
mis cantos han de durar.

* mostrar-lhes que em minha história/ ainda faltava o melhor.

** É um pouco adormecido/ que se chega do deserto./ Verei se explicar acerto/ entre gente tão bizarra,/ e se ao ouvir o violão/ desse meu sono desperto.

Mucho ha habido que mascar
*para echar esta bravata.**

Outros versos parecem aludir a Estanislao del Campo:

Yo he conocido cantores
que era un gusto el escuchar;
mas no quieren opinar
y se divierten cantando;
pero yo canto opinando,
*que es mi modo de cantar.***

Os dois amigos atravessam o deserto e encontram os acampamentos indígenas do oeste da província ("*Derecho ande el sol se esconde/ tierra adentro hay que tirar*").*** Mas os índios estão tramando uma invasão e os tomam por *bomberos* (espiões). Um cacique os salva da morte, mas ambos são retidos no aduar como prisioneiros. E assim se passam os anos.

O mundo pastoril que a primeira parte nos mostrou era, sem dúvida, duríssimo, mas o poeta, na continuação da história, realiza a proeza de mostrar-nos outro que o supera quase infinitamente em ferocidade e em certo caráter dia-

* Aqui não há imitação,/ isto é pura realidade.// Mais que eu e os que me ouvem,/ mais que as coisas de que tratam,/ mais do que o que eles relatam,/ meus cantos vão perdurar./ Muito tive de mascar/ para vir com esta bravata.

** Conheci muitos cantores/ que era um prazer escutar;/ mas não querem opinar/ e se divertem cantando;/ eu porém canto opinando,/ que é meu jeito de cantar.

*** Direto para o poente/ terra adentro há que avançar.

bólico. Isso se evidencia por uma infinidade de característi-cas significativas que sugerem uma sombria loucura:

Parece un baile de fieras
sigún yo me lo imagino.
Era inmenso el remolino,
las voces aterradoras,
hasta que al fin de dos horas
*se aplacó aquel torbellino.**

Mesmo assim, basta que um dos índios grite alguma coisa para que os outros a repitam interminavelmente:

Allí estaban vigilantes
cuidándonos a porfía;
cuando roncar parecían,
"Huaincá" *gritaba cualquiera*
y toda la fila entera
"Huaincá — Huaincá" *repetía.***

Hudson relata que o cheiro dos índios enlouquecia os cavalos dos cristãos; esse detalhe parece confirmar que tivessem algum parentesco com as feras. Uma epidemia de varíola negra dizima a tribo; os cruéis remédios dos feiticeiros contribuem para agravá-la:

* Parece um baile de feras/ do modo como o imagino./ Era imensa a indisciplina,/ as vozes aterradoras,/ até que ao fim de duas horas/ se acalmou o desatino.

** Ali estavam vigilantes/ cuidando-nos noite e dia;/ quando roncar pareciam,/ "*Huaincá*" ["cristão", em língua puelche] um deles dizia/ e na hora a fila inteira/ "*Huaincá — Huaincá*" repetia.

Allí soporta el paciente
las terribles curaciones;
pues a golpes y estrujones
son los remedios aquellos;
lo agarran de los cabellos
y le arrancan los mechones...

A otros les cuecen la boca
aunque de dolores cruja;
lo agarran allí y lo estrujan,
labios le queman y dientes
con un güevo bien caliente
*de alguna gallina bruja...**

Talvez por trás desses remédios desalmados haja ideias de culpa e expiação.

Nesse ponto, dá-se um episódio de patético laconismo:

Había un gringuito cautivo,
que siempre hablaba del barco,
y lo augaron en un charco
por causante de la peste;
tenía los ojos celestes
como potrillito zarco.

* Ali suporta o paciente/ os terríveis tratamentos;/ pois a golpes e apertões/ dão-lhe os remédios aqueles;/ pegam-no pelos cabelos/ e lhe arrancam as madeixas...// De outros, cozinham a boca/ mesmo que de dor estale;/ agarram-no bem e o seguram,/ lábios lhe queimam e dentes/ com um ovo muito quente/ de alguma galinha bruxa.

Que le dieran esa muerte
dispuso una china vieja;
y aunque se aflige y se queja,
es inútil que resista.
Ponía el infeliz la vista
*como la pone la oveja.**

A ovelha não bale quando a matam; revira os olhos.[7]

Morre o cacique que amparava Fierro e Cruz, e depois morre Cruz. Fierro narra a morte do amigo com uma espécie de pudor, como se não quisesse fazer reviver na memória aquelas horas terríveis:

De rodillas a su lado
yo lo encomendé a Jesús.

* Tinha um gringuinho cativo,/ que só falava no barco,/ e afogaram-no num charco/ por ter provocado a peste;/ de olhos azul-celeste/ como os de um potrinho zargo.// Que recebesse essa morte/ mandou uma china velha;/ ele se aflige e se queixa,/ mas é inútil resistir./ O olhar daquele infeliz/ era igualzinho ao da ovelha.

7 A piedade provocada pela referência ao gringuinho prisioneiro e sua comparação a um potrinho evidenciam que se trata de um menino, cuja inocência o torna ainda mais patético. Era natural que ele estivesse enormemente impressionado com o navio em que seus pais o haviam trazido. Tudo isso é evidente, mas Tiscornia comentou assim o último verso: "Ou seja: o desventurado marinheiro revirava os olhos". Não menos caprichosa é a interpretação do verso 2170: "*y un plumaje como tabla*" [e uma plumagem de tábua]. Santiago M. Lugones e Rossi entendem corretamente: "lisa, parelha". Tiscornia, fiel a seu propósito de hispanizar o *Martín Fierro*, comenta: "Significa bela, devido à variedade das cores, entendendo *tábua* na antiga acepção fornecida por Covarrubias: 'denominamos *tábua* uma pintura, por estar pintada na tábua' (*Tesoro*, II, fol. 181 r.)".

Faltó a mis ojos la luz;
tuve un terrible desmayo;
cai como herido del rayo
*cuando lo vi muerto a Cruz.**

Na agonia, Cruz lhe recomenda um filhinho seu, abandonado:

Me recomendó un hijito
que en su pago había dejado:
"Ha quedado abandonado",
*me dijo, "aquel pobrecito".***

Típico da rudeza daqueles homens é o fato de Cruz nunca ter mencionado o filho a Fierro.

Chegamos, agora, a uma das cenas inesquecíveis. Fierro medita ao lado da sepultura de Cruz, e o vento lhe traz gemidos. Vai ver; encontra uma mulher cristã com as mãos amarradas. No chão há um menino morto. Um índio a fustiga com um rebenque, e o rebenque está ensanguentado. A mulher lhe explicará, depois, que é prisioneira; que o índio a acusara de praticar feitiçaria e degolara seu filho:

Ese bárbaro inhumano
(sollozando me lo dijo)

* De joelhos a seu lado/ encomendei-o a Jesus./ Faltou a meus olhos luz;/ tive um terrível desmaio;/ caí ferido de um raio/ quando ali vi morto Cruz.
** Me recomendou um filhinho/ que em seu pago havia deixado:/ "Ficou lá abandonado",/ disse, "aquele coitadinho".

me amarró luego las manos
*con las tripitas de mi hijo.**

Fierro e o índio se encaram e não têm necessidade de palavras:

Yo no sé lo que pasó
en mi pecho en ese instante.
Estaba el indio arrogante,
con una cara feroz.
Para entendernos los dos
*la mirada fue bastante.***

Silenciosa, começa a tremenda luta. Fierro maneja a faca; o índio, as boleadeiras de pedra.[8]

Fierro, lutando, pensa que, se Cruz estivesse ali, não haveria com que se preocupar:

Entre dos, no digo a un pampa:
*a la tribu si se ofrece.****

Os dois se olham, avaliando-se imóveis, e essa tensão não é menos dramática que a briga. Fierro investe contra

* Esse cruel desalmado/ (soluçando ela me disse)/ depois me amarrou as mãos/ com as tripinhas do meu filho.
** Não sei o que aconteceu/ em meu peito nesse instante./ O índio, muito arrogante,/ tinha uma expressão feroz./ Para que nos entendêssemos/ o olhar foi mais que bastante.
8 Nos últimos anos do século XIX, Guillermo Hoyo, mais conhecido como *Hormiga Negra*, fugitivo do distrito de San Nicolás, lutava (conforme testemunho de Eduardo Gutiérrez) com boleadeiras e faca.
*** Sendo dois, um puelche é nada:/ a tribo inteira, quem sabe.

o índio; o índio recua; Fierro, ao avançar, tropeça no chiripá e cai estendido no chão.

O índio ataca e está a ponto de matá-lo quando a mulher lhe dá um repelão e o tira de cima de Fierro. (Esse episódio será clássico nos filmes de faroeste.) Os dois continuam lutando, e o índio, ao recuar, tropeça no cadáver do menino. Fierro, então, acerta-o no corpo e na cabeça; o sangue cega o índio e de sua garganta sai uma espécie de guincho. Em seguida:

Al fin de tanto lidiar,
en el cuchillo lo alcé;
en peso lo levanté
a aquel hijo del desierto;
ensartado lo llevé.
Y allá recién lo largué
*cuando ya lo sentí muerto.**

Fierro e a mulher dão graças a Deus. O canto acaba assim:

Se alzó con pausa de leona[9]
cuando acabó de implorar:
y sin dejar de llorar,

* Ao fim da longa peleja,/ na minha faca o ergui;/ todo o peso levantei/ desse filho do deserto;/ trespassado o carreguei./ E lá somente o larguei/ depois de senti-lo morto.

9 É inevitável, aqui, evocar o Sordello de Dante:

... solo sguardando
a guisa di leon quando si posa.
(*Purgatório*, VI, 65-66)

envolvió en unos trapitos
los pedazos de su hijito,
*que yo le ayudé a juntar.**

Morto o índio, Fierro e a mulher são obrigados a fugir do acampamento. Fierro dá seu cavalo à mulher e se apropria do que era do morto:

Yo me le senté al del pampa.
Era un escuro tapao.
Cuando me hallo bien montao,
de mis casillas me salgo:
y era un pingo como galgo,
*que sabía correr boliao.***

Escondem o cadáver do índio num matagal, para ter a vantagem do tempo que os outros demorariam para encontrá-lo. Os dois, padecendo desgraças de toda espécie — às vezes comem carne crua, outras se alimentam com raízes —, atravessam o deserto e finalmente chegam às primeiras estâncias:

Después de mucho sufrir
tan peligrosa inquietú,
alcanzamos con salú

* Se ergueu com prumo de leoa/ quando acabou de rezar:/ e sem parar de chorar,/ envolveu em uns trapinhos/ os pedaços do filhinho,/ que eu a ajudei a juntar.

** Montei no que era do puelche./ Era um escuro cerrado./ Depois de estar bem montado,/ de meus barracos me afasto:/ o pingo parecia galgo,/ sabia correr boleado.

a divisar una sierra,
y al fin pisamos la tierra
en donde crece el ombú.

Nueva pena sintió el pecho
por Cruz en aquel paraje;
y en humilde vasallaje
a la Majestá infinita,
besé esta tierra bendita,
*que ya no pisa el salvaje.**

Um problema inquietou curiosamente os críticos da obra. Teriam as noites do deserto ocultado uma trégua amorosa? Lugones pensa que não, porque "a generosidade do paladino ignora essas complicações passionais"; Rojas entende que talvez tenha havido alguma coisa, mas que Hernández foi muito discreto.

Na primeira estância que encontraram, Fierro se despede daquela companheira eventual. Muitos anos se passaram; três no forte, dois como desertor e fugitivo, e cinco nos acampamentos indígenas: dez anos. O juiz que perseguia Fierro já morreu; os obscuros crimes que ele praticou foram esquecidos pela justiça. Fierro comparece a certas corridas de cavalo e...

No faltaban, ya se entiende,

* Depois de muito sofrer/ tão perigosa inquietude,/ conseguimos com saúde/ chegar ao pé de uma serra,/ e enfim pisamos a terra/ onde cresce o umbuzeiro.// Nova dor sentiu o peito/ por Cruz naquela paragem;/ e em humilde vassalagem/ à Majestade infinita,/ beijei a terra bendita,/ que já não pisa o selvagem.

en aquel gauchaje inmenso,
muchos que ya conocían
*la historia de Martín Fierro.**

Isso nos recorda os personagens da segunda parte do *Quixote* que haviam lido a primeira.

No meio daquela gente toda estão os filhos de Martín Fierro, tomando conta de uns cavalos. Demoram a reconhecê-lo, porque está muito velho e parece um índio. Dizem-lhe que sua mulher faleceu num hospital.

Hernández considera que esse encontro do herói com pessoas que para nós praticamente não existem não pode ser comovedor, e dá conta dele em poucos e apressados versos:

La junción de los abrazos,
de los llantos y los besos
se deja pa las mujeres,
como que entienden el juego;
pero el hombre, que compriende
que todos hacen lo mismo,
en público canta y baila,
*abraza y llora en secreto.***

Há o vislumbre, talvez, de uma censura velada aos efu-

* Não faltavam, já se entende,/ naquela gauchada imensa,/ muitos que já conheciam/ a história de Martín Fierro.

** A comunhão dos abraços,/ das lágrimas e dos beijos/ se deixa para as mulheres,/ que entendem desses assuntos;/ mas o homem, que compreende/ que todos agem assim,/ em público canta e dança,/ abraça e chora em segredo.

sivos *gauchos* de Estanislao del Campo, a respeito dos quais Rafael Hernández escrevia em seu livro sobre Pehuajó que, mais que *gauchos*, eles pareciam gringos do bairro da Boca. Os filhos de Fierro, ademais, não têm características individuais; são pretextos ou conveniências para informar fatos do campo, e assim os considera o autor.

O pai voltou do deserto; o filho mais velho, daquele deserto artificial, obra dos homens, que é uma cela numa prisão. Fierro dissera:

Privado de tantos bienes
y perdido en tierra ajena,
parece que se encadena
el tiempo y que no pasara,
como si el sol se parara
*a contemplar tanta pena.**

Seu filho agora diz:

No sé el tiempo que corrió
en aquella sepoltura.
Si de ajuera no lo apuran,
el asunto va con pausa:
tienen la presa sigura
*y dejan dormir la causa.***

* Privado de tantos bens/ e perdido em terra alheia,/ parece que se encadeia/ o tempo e que não passasse,/ como se o sol estacasse/ pra contemplar tanta pena.

** Não sei quanto tempo foi/ e eu naquela sepultura./ Se ninguém de fora apressa,/ o assunto quase para:/ depois de apanhar a presa/ deixam a causa dormir.

Não sabe quanto tempo ficou preso e confessa a seguinte circunstância patética:

En mi madre, en mis hermanos,
en todo pensaba yo.
Al hombre que allí dentró
de memoria más ingrata,
fielmente se le retrata
*todo cuanto ajuera vio.**

O segundo filho de Fierro conta sua história. Às vezes, fala menos como camponês que como *compadrito*** letrado:

El que vive de ese modo,
de todos es tributario;
falta el cabeza primario,
y los hijos que él sustenta
se dispersan como cuentas
*cuando se corta el rosario.****

Uma tia que o adota designa-o como herdeiro; quando ela morre, o juiz declara não poder entregar-lhe os bens antes que ele complete trinta anos e atinja a maioridade. (A maioridade ocorre aos 22 anos, mas o rapaz não sabe

* Em minha mãe, meus irmãos,/ em tudo pensava eu./ O homem que ali caiu/ de memória mais ingrata/ fielmente se lhe retrata/ tudo o que fora já viu.
** Personagem popular, arrogante, provocador, brigão, afetado no estilo e na vestimenta.
*** Quem vive dessa maneira,/ de todos é tributário;/ falta o cabeça primário,/ e os filhos que ele sustenta/ se dispersam como contas/ quando arrebenta o rosário.

disso.) O juiz o confia à tutela de um senhor, que tomará conta dele e o educará. Esse senhor é o velho Vizcacha:

Me llevó consigo un viejo
que pronto mostró la hilacha.
Dejaba ver por la facha
que era medio cimarrón,
muy renegao, muy ladrón,
*y le llamaban Vizcacha.**

Depois de Martín Fierro, Vizcacha é o personagem mais famoso da obra. Na imaginação popular ele é também "o Sancho de nossa campanha", como o define Lugones, que também diz dele: "É nosso tipo proverbial por excelência. Não é o caso de transcrever seu retrato e seus conselhos, que todos sabemos de cor". Seria o caso de acrescentar que os conselhos fazem parte do retrato e não deveriam ser outra coisa; nós, argentinos, muito os ouvimos e aprendemos, sobretudo o que reza:

Hacéte amigo del juez,
no le des de qué quejarse;
y cuando quiera enojarse,
vos te debés encoger,
pues siempre es güeno tener
*palenque ande ir a rascarse.***

* Levou-me consigo um velho/ que mostrou logo a que vinha./ Eu logo vi, pela facha/ que era meio chimarrão,/ bem safado, bem ladrão,/ e o chamavam Vizcacha.

** Fique amigo do juiz,/ não lhe dê razões de queixa;/ e quando ele se ir-

É lamentável que para muita gente esses conselhos esgotem o poema e façam desaparecer tantas outras páginas nobres.

Vizcacha é muito mais que um personagem cômico, um Sancho; ele também é um homem impiedoso, um sovina de coisas inúteis, de guascas, de potes de sardinha e de argolas, um homem que ao morrer estremece quando vê uma relíquia e chama o diabo para que este o leve para o inferno, um tirano que não permite que o filho de Fierro entre em seu rancho:

Después de las trasnochadas
allí venía a descansar.
Yo desiaba aviriguar
lo que tuviera escondido;
pero nunca había podido,
pues no me dejaba entrar.

Yo tenía unas jergas viejas,
que habían sido más peludas;
y con mis carnes desnudas,
el viejo, que era una fiera,
me echaba a dormir ajuera
*con unas heladas crudas.**

---

ritar,/ você deve se encolher,/ pois sempre nos convém ter/ um palanque onde coçar-se.

* Depois das noites em claro/ eu ia lá descansar./ Desejava averiguar/ o que ele tinha escondido;/ mas nunca havia podido,/ pois não me deixava entrar.// Eu tinha uns pelegos velhos,/ noutros tempos mais peludos;/ e com as carnes desnudas,/ o velho, que era uma fera,/ me fazia dormir fora/ em tempos de geadas rudes.

Vive e morre entre cachorros:

Andaba rodiao de perros
que eran todo su placer;
jamás dejó de tener
menos de media docena.
Mataba vacas ajenas
para darles de comer...

Cuando ya no pudo hablar,
le até en la mano un cencerro,
y al ver cercano su entierro,
arañando las paredes
expiró allí entre los perros
*y este servidor de ustedes.**

Morto, um dos cachorros lhe come a mão:

Y me ha contado además
el gaucho que hizo el entierro
(al recordarlo me aterro,
me da pavor el asunto)
que la mano del dijunto
*se la había comido un perro.***

* Vivia rodeado de cães/ que eram todo o seu prazer;/ nunca desistiu de ter/ pelo menos meia dúzia./ Matava vacas alheias/ para dar-lhes de comer...// Quando parou de falar,/ atei-lhe à mão um cincerro,/ e no dia do seu enterro,/ ele, arranhando as paredes,/ morreu ali entre os cães/ e este vosso servidor.
** E me contou, ademais,/ o *gaucho* que fez o enterro/ (quando me lembro me aterro,/ me dá pavor o assunto)/ que a mão daquele defunto/ um cachorro havia comido.

Esse episódio é inverossímil e talvez inacreditável. Os personagens da literatura costumam ser maiores na imaginação das pessoas que nos textos originais; com Vizcacha aconteceu o oposto; o homem do poema é mais complexo e mais hediondo que o espertalhão trivial da mitologia corrente. Lugones, depois de compará-lo a Sancho, observa com muita justiça que Hernández supera o autor do *Quixote* em naturalidade, "visto que suprime o recurso literário da oposição simétrica".

Vizcacha sobrevive horrivelmente nos pesadelos do pobre rapaz a quem maltratou:

Por mucho tiempo no pude
saber lo que me pasaba.
Los trapitos con que andaba
eran puras hojarascas.
Todas las noches soñaba
*con viejos, perros y guascas.**

Fierro e seus filhos continuam celebrando com alegria a festa de seu reencontro, e a certa altura aparece um rapaz que afirma chamar-se Picardía e que pede licença para contar sua história, acompanhando-se ao violão. Picardía conta suas aventuras pelas províncias de Buenos Aires e de Santa Fe e confessa que exerceu o mau ofício de jogador de cartas trapaceiro. Narra ainda suas andanças pela fronteira, e nessa parte da narrativa há passa-

* Por muito tempo não pude/ compreender o que me dava./ Os trapinhos com que andava/ não valiam coisa alguma./ Todas as noites sonhava/ com velhos, cuscos e guascas.

gens inesquecíveis, como a do Comandante que diz a um camponês a quem vão alistar no exército:

Vos, porque sos ecetuao,
*ya te querés sulevar.**

Picardía não sabe quem é seu pai, mas acaba descobrindo; é o sargento Cruz. Picardía canta essas coisas, e, depois que chega ao fim, outro personagem, um moreno, lhe pede o violão:

Se sentó con toda calma,
echó mano al estrumento
y ya le pegó un ragido:
era fantástico el negro;
y para no dejar dudas,
medio se compuso el pecho.

Todo el mundo conoció
la intención de aquel moreno:
era claro el desafío
dirigido a Martín Fierro,
hecho con toda arrogancia,
*de un modo muy altanero.***

* Você, por ser dispensado,/ já quer se sublevar.
** Sentou-se com toda a calma,/ empunhou o instrumento/ e foi soltando um rugido:/ era fantástico, o negro;/ e para não deixar dúvidas,/ foi endireitando o peito.// Todo mundo se deu conta/ da intenção desse moreno:/ era claro o desafio/ dirigido a Martín Fierro,/ feito com toda a arrogância,/ de modo muito altaneiro.

Nesse ponto nos aguarda um dos episódios mais dramáticos e complexos da obra que estamos estudando. Todo ele se reveste de uma gravidade singular, parece estar impregnado de destino. Trata-se de uma *payada* em contraponto, porque, tal como o cenário de *Hamlet* encerra outro cenário e o longo sonho das *Mil e uma noites* encerra outros sonhos menores, o *Martín Fierro*, que é uma *payada*, encerra outras *payadas*. Essa, de todas, é a mais memorável.

Rojas interpretou literalmente a palavra "fantástico" e viu no moreno algo assim como a voz da consciência. Em meu entendimento essa conjectura é errônea, mas o fato de que tenha sido formulada é uma prova da tensão dramática da passagem. No desafio do moreno está embutido outro, cuja gravitação crescente sentimos, e prepara ou prefigura outra coisa, que depois não acontece ou que acontece mais adiante no poema.

Fierro aceita os dois desafios e canta em meio a um ansioso silêncio:

Mientras suene el encordao,
mientras encuentre el compás,
yo no he de quedarme atrás
sin defender la parada;
y he jurado que jamás
me la han de llevar robada...

Y seguiremos si gusta
hasta que se vaya el día.
Era la costumbre mía
cantar las noches enteras.

Había entonces, dondequiera,
*cantores de fantasía.**

O moreno é cortês e de linguagem muito florida, mas por baixo de sua doçura pulsa uma determinação inquebrantável. Pede a Fierro que o ponha à prova com perguntas difíceis. Fierro lhe pergunta qual é o canto da terra e qual o do mar e qual o da noite. Com bela imprecisão o moreno atende às solicitações; ao responder à última delas, diz:

No galope que hay aujeros,
le dijo a un guapo un prudente.
Le contestó humildemente:
la noche por cantos tiene
esos ruidos que uno siente
sin saber de dónde vienen.
A las sombras sólo el sol
las penetra y las impone.
En distintas direciones,
se oyen rumores inciertos:
son almas de los que han muerto,
*que nos piden oraciones.***

* Enquanto soe o encordoado,/ enquanto eu achar compasso,/ não ficarei para trás/ sem defender a parada;/ e já jurei que jamais/ hão de levá-la roubada...// E seguiremos, se quer,/ até que termine o dia./ Era um costume que eu tinha,/ cantar por noites inteiras./ Em todo lado se via/ só cantor de fantasia.

** Não galope, que há buracos,/ disse a um *guapo* um prudente./ Respondeu-lhe humildemente:/ a noite tem por canções/ esses ruídos que ouvimos/ sem perceber de onde vêm./ Às sombras somente o sol/ penetra e impõe sua força./ Em diversas direções,/ ouvem-se rumores vagos:/ são almas dos que morreram,/ pedindo-nos orações.

Martín Fierro entende e lhe pede que deixem na paz de Deus as almas dos mortos. Em seguida os dois improvisam sobre a origem do amor e sobre a lei. Fierro se dá por satisfeito, e o moreno o desafia a definir a quantidade, a medida, o peso e o tempo. Martín Fierro responde a essas dificuldades de índole metafísica. Assim, por exemplo:

Moreno voy a decir,
sigún mi saber alcanza:
el tiempo sólo es tardanza
de lo que está por venir.
No tuvo nunca principio
ni jamás acabará,
porque el tiempo es una rueda
y rueda es eternidá;
y si el hombre lo divide,
sólo lo hace, en mi sentir,
por saber lo que ha vivido
*o le resta que vivir.**

Esses diversos temas vão além da capacidade dos *gauchos* e talvez dos homens, mas o moreno os desvia, quase secretamente, para o propósito que o levou àquela *payada*, que pode ser o início de uma luta. Hernández atende admiravelmente à dupla finalidade: os versos

* Moreno, vou responder/ como meu saber alcança:/ o tempo é simples tardança/ do que ainda está por vir./ Não teve nunca princípio/ nem jamais acabará,/ porque o tempo é uma roda/ e roda é eternidade;/ e se o homem o divide,/ é só, no meu entender,/ pra saber o que viveu/ e o que lhe resta viver.

são belos e ao mesmo tempo fatídicos. Fierro retoma as perguntas. À primeira delas, o negro se declara vencido; desconfiamos que o faz para não retardar seu objetivo íntimo, que revela deste modo:

Ya saben que de mi madre
fueron diez los que nacieron;
mas ya no existe el primero
y más querido de todos:
murió por injustos modos
a manos de un pendenciero...

Y queden en paz los güesos
de aquel hermano querido.
A moverlos no he venido;
mas, si el caso se presienta,
espero en Dios que esta cuenta
se arregle como es debido.

Y si otra ocasión payamos
para que esto se complete,
por mucho que lo respete
cantaremos, si le gusta,
sobre las muertes injustas,
*que algunos hombres cometen.**

* Já sabem, de minha mãe/ foram dez os que nasceram;/ mas já não vive o primeiro/ e mais querido de todos:/ morreu de maneira injusta/ nas mãos de um arruaceiro...// E fiquem em paz os ossos/ daquele irmão tão querido./ Não vim para revirá-los;/ mas, se ocasião se apresenta,/ espero em Deus que essa conta/ se acerte como é devido.// E se houver outra *payada*,/

Fierro responde tomando seu tempo:

Primero fue la frontera
por persecución de un juez;
los indios fueron después,
y para nuevos estrenos,
aura son estos morenos
pa alivio de mi vejez.

Más cada uno ha de tirar
en el yugo en que le vea.
Yo ya no busco peleas,
las contiendas no me gustan;
pero ni sombras me asustan
*ni bultos que se menean.**

Os presentes impedem que haja luta, Martín Fierro e os rapazes se afastam. Chegam à margem de um arroio, apeiam de suas montarias, e ali Martín Fierro, que acaba de responder com chacotas ao irmão do homem que assassinou, diz-lhes com brandura:

El hombre no mate al hombre
ni pelee por fantasía.

---

para que isto se complete,/ por muito que eu o respeite,/ cantaremos, se concorda,/ sobre essas mortes injustas,/ que certos homens cometem.

* Primeiro foi a fronteira/ por perseguição de um juiz;/ os índios vieram depois,/ e para novos inícios,/ agora vêm os morenos/ minha velhice aliviar.// Mais cada um vai puxar/ no jugo em que se encontrar./ Eu já não procuro brigas,/ as contendas não me agradam;/ mas nem as sombras me assustam/ nem espectros que se movem.

Tiene en la desgracia mía
un espejo en que mirarse.
Saber el hombre guardarse
*es la gran sabiduría.**

Depois dessas moralidades, resolvem separar-se e trocar de nome para poder trabalhar em paz. (Podemos imaginar uma luta mais além do poema, na qual o moreno vinga a morte de seu irmão.)

No último canto, o de número 33, Hernández fala diretamente com seu leitor, como Walt Whitman na última página das *Leaves of Grass*. Nessa despedida, o poeta percebe sem vaidade a grandeza da obra realizada.

Y si la vida me falta,
tenganló todos por cierto,
que el gaucho, hasta en el desierto,
sentirá en tal ocasión
tristeza en el corazón
al saber que yo estoy muerto.

Pues son mis dichas desdichas
las de todos mis hermanos.
Ellos guardarán ufanos
en su corazón mi historia;
me tendrán en su memoria
para siempre mis paisanos...

* Que o homem não mate o homem/ nem lute só por capricho./ Vejam na desgraça minha/ um espelho em que se olhar./ Saber o homem conter-se/ é a grande sabedoria.

Mas naides se crea ofendido,
pues a ninguno incomodo;
y si canto de este modo
por encontrarlo oportuno,
NO ES PARA MAL DE NINGUNO
*SINO PARA BIEN DE TODOS.**

* E se a vida me faltar,/ tenham-no todos por certo:/ que o *gaucho*, até no deserto,/ sentirá em tal ocasião/ tristeza no coração/ ao saber de minha morte.// Pois minhas ditas desditas/ são as que têm meus irmãos./ Eles guardarão ufanos/ no coração minha história;/ me guardarão na memória/ para sempre meus paisanos...// Mas ninguém fique ofendido,/ pois a ninguém incomodo;/ e se canto deste modo/ por julgar isso oportuno,/ NÃO É PARA O MAL DE ALGUÉM/ E SIM PARA O BEM DE TODOS.

martín fierro e os críticos

Já falamos do êxito popular obtido desde o início pelo poema de Hernández. A nota editorial da edição de 1894 menciona "64 mil exemplares esparramados por todos os recantos da campanha" e comunica que, "em alguns locais de reunião, surgiu o *leitor*, em torno do qual se congregavam pessoas de ambos os sexos...". Algumas linhas abaixo lemos: "um de meus clientes, atacadista, mostrava-me ontem em seus livros as encomendas dos pulpeiros do interior: doze grosas de fósforos, um tonel de cerveja; doze *A volta de Martín Fierro*; cem caixas de sardinha...". Descontado algum pequeno exagero comercial (Hernández não se opunha a eles e uma vez ou outra chegou a incluí-los no corpo de sua poesia), tudo o que antecede deve ser essencialmente verdadeiro.

Desde o início do século XIX, um preconceito romântico determinou que uma das condições para a glória póstuma é a obscuridade contemporânea. Leopoldo Lugones, em *El payador*, insiste nos elogios avaros ou na censura dos contemporâneos de Hernández, tal como seu mestre Victor Hugo compilou, e inventou, em seu *William Shakespeare*, opiniões adversas ao poeta. Em tais críticas há certo exagero; os primeiros leitores do *Martín Fierro* não ignoraram seus méritos, embora não os tenham apreciado plenamente, devido a causas que examinaremos mais adiante.

Em 1879, Hernández enviou a Mitre um exemplar do poema com a seguinte dedicatória:

> Senhor General Dom Bartolomé Mitre. — Há 25 anos integro as fileiras de seus adversários políticos. Raros argentinos podem dizer o mesmo; porém, raros, também, se atreveriam, como eu, a passar por cima desse fato para pedir ao ilustre Escritor que conceda um pequeno espaço em sua Biblioteca para este modesto livro. Peço-lhe que o aceite como testemunho de respeito de seu compatriota O Autor.

A resposta de Mitre não se perdeu; este declara que *Martín Fierro* "é uma obra e um homem que conquistaram seu título de cidadania na literatura e na sociabilidade argentina". Acrescenta: "Seu livro é um verdadeiro poema espontâneo, talhado na massa da vida real", e em seguida, um tanto contraditoriamente: "Hidalgo será sempre seu Homero, porque foi o primeiro...".

As palavras "talhado na massa da vida real" nos ajudam a entender por que os contemporâneos não viram a obra como nós a vemos hoje.

O *Martín Fierro* é de índole realista, e a experiência mostra que as obras desse tipo parecem evidentes e fáceis, sobretudo quando bem realizadas. Zola inclusive falou em "fatias de vida" e em "transcrever a realidade"; isso é inexato, já que a vida não é um texto, mas um misterioso processo, porém corresponde ao que as pessoas costumam pensar. Toda obra realista parece mera transcrição, mero jornalismo, e os literatos tendem a acreditar que basta dedicar-se a um projeto dessa índole para executá-lo satisfatoriamente. Para nós, a temática do *Martín Fierro* é remota e, de certa maneira, exótica; para os homens de mil oitocentos e setenta e tantos, era o caso vulgar de um desertor, que na sequência descamba para malevo. Boa prova disso é que logo depois Eduardo Gutiérrez desfiou uma série de argumentos análogos sem que ocorresse a ninguém que esses argumentos haviam sido inspirados pelo *Martín Fierro*.

Alguém objetará que Zola deslumbrou seus coetâneos com livros de tipo realista; esse deslumbramento foi favorecido pelas teorias pseudocientíficas do autor e pelo que o aspecto sexual tinha de escandaloso. O *Martín Fierro*, em compensação, prescinde de tais estímulos, tanto por determinação de Hernández como porque a vida erótica dos *gauchos* era rudimentar.

Além disso, o *Martín Fierro* tem muito de arrazoado político; no início, não foi avaliado esteticamente, mas pela tese que defendia. Ademais, seu autor era federalista (*federalote* ou *mazorquero*, disseram na época); isso significa que pertencia a um partido que todos julgavam moral e intelectualmente inferior. Na Buenos Aires daquele tempo, todo mundo se conhecia, e a verdade é que José Hernández não causou maior impressão sobre seus contemporâneos.

Em 1883, Groussac visitou Victor Hugo; no vestíbulo, fez força para emocionar-se dizendo para si mesmo que estava na casa do ilustre poeta, mas, "Para falar com franqueza, eu estava tão sereno como se estivesse na casa de José Hernández, autor de *Martín Fierro*" (*El viaje intelectual*, II, 112).

Miguel Cané elogiou o poema de Hernández, mas é significativo quanto ao gosto da época o fato de que as estrofes que mais lhe agradavam fossem aquelas que talvez evocassem Estanislao del Campo. A edição de 1894 também inclui comentários elogiosos de Ricardo Palma, José Tomás Guido, Adolfo Saldías e Miguel Navarro Viola.

Em 1916, Lugones publicou *El payador*, cuja importância é fundamental na história da fama do poeta. Lugones sempre ouvira *criollo*; mas seu estilo barroco e seu vocabulário excessivo haviam-no distanciado do público. Pensou, sem dúvida, que uma exaltação da obra de Hernández o aproximaria das pessoas, e escreveu — claro que com toda a sinceridade — o livro *El payador*. Lugones reivindica para o *Martín Fierro* o título de livro nacional dos argentinos. *El payador* contém esplêndidas descrições de nossa época pastoril que inevitavelmente entrarão nas antologias e cujo único defeito, talvez, seja o de terem sido escritas com esse fim. Em suas páginas eloquentes, Lugones exige que o *Martín Fierro* seja considerado uma epopeia; o fato de que tenha sido escrito provaria nossa ascendência greco-latina, apesar da prolongada interrupção operada pelo cristianismo, que é uma "religião oriental".

O conceito de que cada país deve ter um livro é muito antigo e no início teve caráter religioso. No Corão os judeus são designados como *o povo do Livro*, e os hindus acreditam que o Veda é eterno e que a divindade, em cada uma das criações periódicas do Universo, rememora, para criar cada coisa, as palavras do Veda. O conceito de livro canônico religioso deu lugar, no início do século XIX, ao de livros canônicos nacionais; Carlyle escreveu que a Itália era representada pela *Divina comédia* e a Espanha pelo *Quixote*, e acrescentou que a quase infinita Rússia era muda porque ainda não se manifestara num livro. Lugones declarou que nós, argentinos, já possuíamos esse livro canônico e que esse livro, previsivelmente, era o *Martín Fierro*. Disse que a obra de Hernández era para nossas origens o que a *Ilíada* é para as origens gregas ou a *Chanson de Roland* para as da França. Essa necessidade imaginária de que o *Martín Fierro* fosse épico teve o sentido de comprimir (embora de modo simbólico) a história secular da pátria com suas gerações, seus desterros, suas agonias, suas batalhas de Chacabuco e de Ituzaingó, no caso individual de um cuchilheiro de 1870. Retomaremos essa divergência.

Rojas, em sua *Literatura argentina*, repete com algumas hesitações ou contradições o mesmo argumento. Num parágrafo afirma que "essa *payada* pitoresca deve ser vista, na rusticidade de sua forma e na ingenuidade de seu fundo, como uma voz elementar da natureza", e que ignorá-la "seria o mesmo que repudiar o arrulho da pomba por não ser um madrigal, ou a canção do vento por não ser uma ode". Em outro, lemos:

> Fundar cidades que começaram sendo fortes; expandir sua ação sobre o deserto num raio progressivo; lutar com a terra virgem e com o belicoso oca [índio de uma ramificação dos araucanos]; padecer as injustiças da organização social rudimentar; defender heroicamente, em meio a essas forças

fatais, a fé em si mesmo, na humanidade, na justiça; essa é a vida do *gaucho* Martín Fierro; essa é a vida de todo o povo argentino.

As pessoas que leram, mesmo superficialmente, a obra de Hernández sabem muito bem que nela os temas enumerados por Rojas resplandecem, citando Tácito, por sua ausência, ou se limitam a aparecer de modo secundário.

Nas notas de sua *Antologia*, Calixto Oyuela, com mais acerto, escreveu:

> A questão do *Martín Fierro* não é propriamente *nacional* nem muito menos de raça, e tampouco se relaciona desta ou daquela maneira com nossas *origens* enquanto povo ou enquanto nação politicamente constituída. Nele se trata das dolorosas vicissitudes da vida de um *gaucho no último terço do século anterior*, na época da decadência e iminente desaparecimento desse nosso tipo local e transitório diante de uma organização social que o aniquila.

Cabe citar, a título de curiosidade, a observação de Miguel de Unamuno:

> No *Martín Fierro* se interpenetram e como que se fundem intimamente o elemento épico e o lírico; o *Martín Fierro* é, de tudo o que conheço de hispano-americano, o que há de mais profundamente espanhol. Quando o *payador* pampiano, à sombra do umbuzeiro, na infinita calma do deserto ou na noite serena à luz das estrelas, entoar, acompanhado do violão espanhol, as décimas monótonas do *Martín Fierro*, e os *gauchos* comovidos ouvirem a poesia de seus pampas, sen-

> tirão sem saber — e sem poder dar-se conta disso — brotar-lhe do leito inconsciente do espírito ecos inextinguíveis da mãe Espanha, ecos que seus pais lhes legaram juntamente com o sangue e a alma. O *Martín Fierro* é o canto do lutador espanhol que, depois de ter plantado a cruz em Granada, partiu para a América para servir de sentinela avançada da civilização e desbravar o deserto.

Talvez não seja inútil observar que as "décimas monótonas" que Unamuno hospitaleiramente anexa à literatura espanhola são na verdade sextilhas.

Mais lúcida e menos surpreendente é a opinião de Menéndez y Pelayo:

> A obra-prima do gênero gauchesco é, por confissão unânime dos argentinos, o poema de Hernández *Martín Fierro*, obra popularíssima em todo o território da República, e não apenas nas cidades, mas também nas pulperias e ranchos do campo. O sopro do pampa argentino corre por seus versos desgrenhados, bravios e pujantes, nos quais explodem todas as energias da paixão indômita e primitiva em luta com o mecanismo social que inutilmente reprime os ímpetos do protagonista e acaba por jogá-lo na vida livre do deserto, não sem que ele sinta certa nostalgia do mundo civilizado que o repele de seu seio.

Dá para perceber que Menéndez y Pelayo ficou impressionado com a "madrugada clara" na qual os dois amigos cruzaram a fronteira.

O *Martín Fierro* foi matéria, ou pretexto, de outro livro fundamental: *Muerte y transfiguración de Martín*

Fierro (México, 1948), de Ezequiel Martínez Estrada. Trata-se menos de uma interpretação dos textos que de uma recriação; em suas páginas, um grande poeta que tem a experiência de Melville, de Kafka e dos russos torna a sonhar, enriquecendo-o com sombra e vertigem, o sonho primário de Hernández. *Muerte y transfiguración de Martín Fierro* inaugura um novo estilo de crítica do poema gauchesco. As futuras gerações falarão do Cruz, ou do Picardía, de Martínez Estrada, como hoje falamos do Farinata de De Sanctis ou do Hamlet de Coleridge.

apreciação geral

Em cenáculos europeus e americanos muitas vezes me perguntaram sobre a literatura argentina e invariavelmente respondi que essa literatura (tão desdenhada por aqueles que a ignoram) existe e que compreende, pelo menos, um livro, que é o *Martín Fierro*. Justificar essa primazia é a finalidade destas últimas páginas.

No capítulo anterior compilei algumas avaliações críticas. Uma simplificação simbólica poderia reduzi-las a duas: a de Lugones, para quem o *Martín Fierro* é uma epopeia das origens argentinas; a de Calixto Oyuela, para quem o poema só registra um caso individual. "Justiceiro e libertador" é a definição do protagonista cunhada por Lugones; "homem com visível inclinação para o tipo *moreiresco* de *gaucho* cruel, agressivo, que gosta de matar e de enfrentar a polícia", a que Oyuela prefere. Como resolver o debate?

O crítico francês Rémy de Gourmont apreciava o exercício difícil de dissociar ideias. Na controvérsia que acabo de resumir, confunde-se a virtude estética do poema com a virtude moral do protagonista, e pretende-se que aquela dependa desta. Dirimida essa confusão, o debate se esclarece.

Retomemos o tema da classificação proposta por Lugones. Para os gregos, o maior poeta era Homero; a veneração que lhe votavam se estendeu para o *gênero* a que pertenciam suas obras, e dessa maneira surgiu o culto secular da épica, que lotaria a Itália de epopeias artificiais e induziria, no século XVIII, Voltaire a fabricar a *Henriade*, para que a literatura francesa não ficasse sem uma epopeia... Porém, Aristóteles já vaticinara que a tragédia pode ser superior à épica em brevidade, unidade e perspicácia; Lugones, ao reclamar para o *Martín Fierro* o nome de epopeia, não faz mais que reviver uma antiga e deletéria superstição.

A palavra "epopeia" tem, contudo, sua utilidade neste debate. Ela nos dá condições de definir o tipo de satisfação que a leitura do *Martín Fierro* nos proporciona; essa satisfação, com efeito, se assemelha mais à da *Odisseia* ou à das *sagas* que à de uma estrofe de Verlaine ou de Enrique Banchs. Nesse sentido, é razoável afirmar que o *Martín Fierro* é épico, sem que isso nos autorize a confundi-lo com as epopeias genuínas. Além do mais, a palavra pode prestar-nos outro serviço. O prazer que as epopeias proporcionavam aos ouvintes primitivos era o que hoje oferecem os romances: o prazer de ouvir que tal e tal coisa aconteceram com tal homem. A epopeia foi uma prefiguração do romance. Assim, descontado o acidente do verso, seria o caso de definir o *Martín Fierro* como um romance. Essa definição é a única capaz de transmitir pontualmente o nível de prazer que o livro nos dá e que condiz sem escândalo com sua data, que foi, como todos sabem, a do século do romance por excelência: dos de Dickens, Dostoiévski, Flaubert.

A épica requer perfeição nos personagens; o romance vive de sua imperfeição e complexidade. Para alguns, Martín Fierro é um homem justo; para outros, um malvado ou, como disse festivamente Macedonio Fernández, um siciliano vingativo; cada uma dessas opiniões opostas é inteiramente sincera e parece evidente àquele que a formula. Essa incerteza final é uma das características das criaturas mais perfeitas da arte, porque o é também da realidade. Shakespeare pode ser ambíguo, mas é menos ambíguo que Deus. Nunca chegamos a uma conclusão sobre quem é Hamlet ou quem é Martín Fierro, mas tampouco nos foi dado saber quem realmente somos ou quem é a pessoa que mais amamos.

Assassino, arruaceiro, bêbado, qualificativos que não esgotam as definições infamantes que Martín Fierro mereceu; se o julgarmos (como fez Oyuela) pelos atos que cometeu, todas elas são justas e incontestáveis. Alguém poderia objetar que esses juízos pressupõem uma moral que não era a de Martín Fierro, porque sua ética foi a da coragem, e não a do perdão. Mas Fierro, que ignorou a piedade, queria que os outros fossem retos e piedosos com ele e ao longo de sua história se queixa, quase infinitamente.

Se não condenamos Martín Fierro é porque sabemos que os atos costumam caluniar os homens. Alguém pode roubar e não ser ladrão, matar e não ser assassino. O pobre Martín Fierro não está nas confusas mortes que causou nem nos excessos de protesto e bravata que entorpecem a crônica de suas desgraças. Está na entonação e na respiração dos versos; na inocência que rememora modestas e perdidas felicidades e na coragem que não ignora que o homem nasceu para sofrer. Assim, parece-me, nós, argentinos, instintivamente o percebemos. As vicissitudes de Fierro têm menos importância para nós do que a pessoa que as viveu.

Expressar homens que as futuras gerações não quererão esquecer é uma das finalidades da arte; José Hernández conseguiu-o com plenitude.

bibliografia

a) EDIÇÕES DO POEMA

HERNÁNDEZ, José. *El gaucho Martín Fierro* e *La vuelta de Martín Fierro*. Buenos Aires: Livraria Martín Fierro, 1894. (Inclui os prólogos do autor, as primeiras apreciações críticas e as litografias originais de Carlos Clerice.)

______. *Martín Fierro*. Buenos Aires: Claridad, 1940. (Inclui um estudo introdutório de Carlos Octavio Bunge.)

______. *Martín Fierro*. Ed. crítica de Carlos Alberto Leumann. Buenos Aires: Estrada, 1947. (Fixa o texto à luz dos manuscritos originais. Às vezes sugere emendas arbitrárias e procura justificar os erros de ortografia de Hernández com falácias.)

______. *El gaucho Martín Fierro* e *La vuelta de Martín Fierro*. Ed. rev. e anot. de Santiago M. Lugones. Buenos Aires: Centurión, 1926. (Esta, repetimos, é a mais útil.)

______. *Martín Fierro*. Ed. coment. e anot. de Eleuterio F. Tiscornia. Buenos Aires: Coni, 1925. (Sua importância é gramatical: relaciona a linguagem do poema com a dos clássicos espanhóis.)

b) ESTUDOS

CASTRO, Francisco I. *Vocabulario y frases de Martín Fierro*. Buenos Aires: Ciordia y Rodríguez, 1950.

LUGONES, Leopoldo. *El payador*. Tomo I: *Hijo de la pampa*. Buenos Aires: Otero y Cía., 1916.

MARTÍNEZ ESTRADA, Ezequiel. *Muerte y transfiguración de Martín Fierro*. Fondo de Cultura Económica (México), 1948. (Contém o texto integral do poema e copiosa bibliografia.)

ROJAS, Ricardo. *Historia de la literatura argentina: Los gauchescos.* Buenos Aires: El Ateneo, 1924.

ROSSI, Vicente. *Folletos lenguaraces: Desagravio al lenguaje de Martín Fierro.* Córdoba: Imprenta Argentina, 1939-45.

para as seis cordas (1965)

prólogo

Toda leitura implica uma colaboração e quase uma cumplicidade. No *Fausto* temos de admitir que um *gaucho* é capaz de acompanhar o argumento de uma ópera cantada num idioma que não conhece; no *Martín Fierro*, um vaivém de bravatas e queixas, justificadas pelo objetivo político da obra mas inteiramente alheias à índole sofrida dos camponeses e às atitudes precavidas do *payador*.*

No modesto caso de minhas milongas, substituindo a música ausente, o leitor deve imaginar um homem que cantarola, no umbral do saguão de sua casa ou numa pulperia,** acompanhando-se ao violão. Sua mão se demora nas cordas e as palavras contam menos que os acordes.

Tratei de evitar o sentimentalismo do inconsolável "tango-canção" e o uso sistemático do lunfardo, que imprime um ar artificioso às singelas coplas.

Se tivessem sido compostas lá por mil oitocentos e noventa e tantos, estas milongas teriam sido ingênuas e bravas; hoje são meras elegias.

Que eu saiba, estes versos não demandam nenhum outro esclarecimento.

J. L. B.
Buenos Aires, junho de 1965

* Poeta e cantor popular que canta improvisando versos, geralmente em desafio com outro, e acompanhando-se ao violão.
** Em espanhol, *pulpería*: venda, bodega, bolicho, taverna no campo, pequena casa de negócio.

milonga de dos hermanos

Traiga cuentos la guitarra
de cuando el fierro brillaba,
cuentos de truco y de taba,
de cuadreras y de copas,
cuentos de la Costa Brava
y el Camino de las Tropas.

Venga una historia de ayer
que apreciarán los más lerdos;
el destino no hace acuerdos
y nadie se lo reproche —
ya estoy viendo que esta noche
vienen del Sur los recuerdos.

Velay, señores, la historia
de los hermanos Iberra,
hombres de amor y de guerra
y en el peligro primeros,
la flor de los cuchilleros
y ahora los tapa la tierra.

milonga de dois irmãos

Conte causos, violão
de quando o ferro brilhava,
causos de truco e de tava,
de carreiras e de copas,
os causos da Costa Brava
e os do Caminho das Tropas.

Venha uma história de ontem
que apreciarão os mais lentos;
destino é sem argumentos
e não o julgue ninguém —
esta noite, vejo bem,
vêm do Sul meus pensamentos.

Ouçam, senhores, a história
da dupla de irmãos Iberra,
homens de amor e de guerra
e no perigo primeiros,
fina flor dos cutileiros
e agora os recobre a terra.

Suelen al hombre perder
la soberbia o la codicia;
también el coraje envicia
a quien le da noche y día —
el que era menor debía
más muertes a la justicia.

Cuando Juan Iberra vio
que el menor lo aventajaba,
la paciencia se le acaba
y le armó no sé qué lazo —
le dio muerte de un balazo,
allá por la Costa Brava.

Sin demora y sin apuro
lo fue tendiendo en la vía
para que el tren lo pisara.
El tren lo dejó sin cara,
que es lo que el mayor quería.

Así de manera fiel
conté la historia hasta el fin;
es la historia de Caín
que sigue matando a Abel.

Muita vez o homem se perde
por soberba ou por cobiça;
coragem também é vício
em quem a tem noite e dia —
o menor dos dois devia
bem mais mortes à justiça.

Quando Juan Iberra viu
que o mais moço o superava,
trocou paciência por raiva
e lhe armou não sei que laço —
matou-o com um balaço,
na região da Costa Brava.

Sem demora e sem apuro
deitou-o na ferrovia
para que o trem o esmagasse.
O trem o deixou sem face,
como o mais velho queria.

Assim de maneira fiel
contei a história até o fim;
é a história de Caim
que segue matando Abel.

¿dónde se habrán ido?

Según su costumbre, el sol
brilla y muere, muere y brilla
y en el patio, como ayer,
hay una luna amarilla,
pero el tiempo, que no ceja,
todas las cosas mancilla.
Se acabaron los valientes
y no han dejado semilla.

¿Dónde están los que salieron
a libertar las naciones
o afrontaron en el Sur
las lanzas de los malones?
¿Dónde están los que a la guerra
marchaban en batallones?
¿Dónde están los que morían
en otras revoluciones?

aonde terão ido?

Como é seu hábito, o sol
vela e morre, morre e vela
e no pátio, como ontem,
há uma lua amarela,
mas o tempo, que não cede,
a todas as coisas sela.
Acabaram-se os valentes
e não deixaram sequela.

Onde estão os que partiram
para libertar nações
ou enfrentaram no Sul
os índios com seus facões?
Onde estão os que marcharam
para a guerra em batalhões?
Onde estão os que morriam
em outras revoluções?

— No se aflija. En la memoria
de los tiempos venideros
también nosotros seremos
los tauras y los primeros.

El ruin será generoso
y el flojo será valiente:
No hay cosa como la muerte
para mejorar la gente.

¿Dónde está la valerosa
chusma que pisó esta tierra,
la que doblar no pudieron
perra vida y muerte perra,
los que en el duro arrabal
vivieron como en la guerra,
los Muraña por el Norte
y por el Sur los Iberra?

¿Qué fue de tanto animoso?
¿Qué fue de tanto bizarro?
A todos los gastó el tiempo,
a todos los tapa el barro.
Juan Muraña se olvidó
del cadenero y del carro
y ya no sé si Moreira
murió en Lobos o en Navarro.

— No se aflija. En la memoria...

— Não se aflija. Na memória
dos tempos que ainda virão
seremos nós os primeiros,
os tauras, os pioneiros.

O mau será generoso
e o covarde valente:
Não há nada como a morte
para melhorar a gente.

Onde está a altiva chusma
que pôs o pé nesta terra,
a que dobrar não puderam
perra vida e morte perra,
os que no duro arrabalde
viveram como na guerra,
os Muraña pelo Norte
e pelo Sul os Iberra?

Que foi de tanto brioso?
Que foi de tanto bizarro?
A todos gastou o tempo,
a todos cobriu o barro
e Juan Muraña esqueceu
a montaria e o carro.
E já não sei se Moreira
morreu em Lobos, Navarro...

— Não se aflija. Na memória...

milonga de jacinto chiclana

Me acuerdo. Fue en Balvanera,
en una noche lejana
que alguien dejó caer el nombre
de un tal Jacinto Chiclana.

Algo se dijo también
de una esquina y de un cuchillo;
los años nos dejan ver
el entrevero y el brillo.

Quién sabe por qué razón
me anda buscando ese nombre;
me gustaría saber
cómo habrá sido aquel hombre.

Alto lo veo y cabal,
con el alma comedida,
capaz de no alzar la voz
y de jugarse la vida.

milonga de jacinto chiclana

Bem me lembro. Em Balvanera,
numa noite suburbana,
alguém mencionou o nome
de um tal Jacinto Chiclana.

Algo se disse também
sobre uma esquina e uma faca;
os anos nos deixam ver
o lampejo, o homem que ataca.

Quem sabe por que razão
vem-me esse nome do nada;
eu bem queria saber
o aspecto do camarada.

Alto o vejo, e eficiente,
dono de alma comedida,
capaz de conter a voz,
e arriscar a própria vida.

Nadie con paso más firme
habrá pisado la tierra;
nadie habrá habido como él
en el amor y en la guerra.

Sobre la huerta y el patio
las torres de Balvanera
y aquella muerte casual
en una esquina cualquiera.

No veo los rasgos. Veo,
bajo el farol amarillo,
el choque de hombres o sombras
y esa víbora, el cuchillo.

Acaso en aquel momento
en que le entraba la herida,
pensó que a un varón le cuadra
no demorar la partida.

Sólo Dios puede saber
la laya fiel de aquel hombre;
señores, yo estoy cantando
lo que se cifra en el nombre.

Entre las cosas hay una
de la que no se arrepiente
nadie en la tierra. Esa cosa
es haber sido valiente.

Ninguém com passo mais firme
terá pisado esta terra;
ninguém como ele terá
sido no amor e na guerra.

Sobre a horta, sobre o pátio,
as torres de Balvanera
e aquela morte casual
em uma esquina — qual era?

Não vejo seu rosto. Vejo,
à luz do poste amarelo,
o choque de homens ou sombras
e essa víbora, o cutelo.

Talvez naquele momento
em que se abria a ferida,
pensou que a um homem compete
não retardar a partida.

A laia fiel desse homem
só Deus consegue saber;
senhores, estou cantando
o que um nome deixa ver.

Entre as coisas, existe uma
da qual nunca se arrepende
ninguém na terra. Essa coisa
é haver sido valente.

Siempre el coraje es mejor,
la esperanza nunca es vana;
vaya pues esta milonga
para Jacinto Chiclana.

Sempre é melhor ter coragem,
a esperança nunca engana;
e por isso esta milonga
é de Jacinto Chiclana.

milonga de don nicanor paredes

Venga un rasgueo y ahora,
con el permiso de ustedes,
le estoy cantando, señores,
a don Nicanor Paredes.

No lo vi rígido y muerto
ni siquiera lo vi enfermo;
lo veo con paso firme
pisar su feudo, Palermo.

El bigote un poco gris
pero en los ojos el brillo
y cerca del corazón
el bultito del cuchillo.

El cuchillo de esa muerte
de la que no le gustaba
hablar; alguna desgracia
de cuadreras o de taba.

milonga de dom nicanor paredes

Que venha um acorde e agora,
com o permisso de ustedes,
dedico a canção, senhores,
a dom Nicanor Paredes.

Não o vi rígido e morto
nem sequer o vi enfermo;
vejo-o com passo firme
pisar seu feudo, Palermo.

O bigode já grisalho
mas nos olhos um clarão
e o voluminho da faca
ao lado do coração.

A faca daquela morte
da qual ele não gostava
de falar; uma desgraça
de quadreiras ou de tava.

De atrio, más bien. Fue caudillo,
si no me marra la cuenta,
allá por los tiempos bravos
del ochocientos noventa.

Lacia y dura la melena
y aquel empaque de toro;
la chalina sobre el hombro
y el rumboso anillo de oro.

Entre sus hombres había
muchos de valor sereno;
Juan Muraña y aquel Suárez
apellidado el Chileno.

Cuando entre esa gente mala
se armaba algún entrevero
él lo paraba de golpe,
de un grito o con el talero.

Varón de ánimo parejo
en la buena o en la mala;
"En casa del jabonero
el que no cae se refala".

Sabía contar sucedidos,
al compás de la vihuela,
de las casas de Junín
y de las carpas de Adela.

Ou de eleição. Foi caudilho,
pelo que se me apresenta,
lá pelos tempos bravios
de oitocentos e noventa.

Lisa e dura a cabeleira
e o porte firme do touro;
a chalina sobre o ombro
e o vistoso anel de ouro.

Entre seus homens havia
muitos de valor sereno;
Juan Muraña e aquele Suárez
apelidado O Chileno.

Quando entre essa gente brava
surgia um estranhamento
ele interrompia logo,
com grito ou gesto violento.

Homem de um humor parelho
faça calor, faça frio;
"Na casa do saboeiro
resvala quem não caiu".

Ao compasso da viola
contava causos sem fim;
das carpas do lago Adela,
do casario de Junín.

Ahora está muerto y con él
cuánta memoria se apaga
de aquel Palermo perdido
del baldío y de la daga.

Ahora está muerto y me digo:
¿Qué hará usted, don Nicanor,
en un cielo sin caballos
ni envido, retruco y flor?

Hoje está morto, e com ele
quanta memória se apaga
do seu Palermo perdido
do descampado e da adaga.

Hoje está morto e reflito:
que fará dom Nicanor
num céu sem nenhum cavalo,
nem apostas, truco e flor?*

* "Flor": trinca, no jogo de truco.

un cuchillo en el norte

Allá por el Maldonado,
que hoy corre escondido y ciego,
allá por el barrio gris
que cantó el pobre Carriego,

tras una puerta entornada
que da al patio de la parra,
donde las noches oyeron
el amor de la guitarra,

habrá un cajón y en el fondo
dormirá con duro brillo,
entre esas cosas que el tiempo
sabe olvidar, un cuchillo.

Fue de aquel Saverio Suárez,
por más mentas el Chileno,
que en garitos y elecciones
probó siempre que era bueno.

uma faca no norte

Nas bandas do Maldonado
que hoje corre oculto e cego,
lá pelo bairro sem cores
que era o do pobre Carriego,

atrás da porta que dava
para o pátio da parreira,
onde o amor ao violão
era ouvido a noite inteira,

no fundo de uma gaveta
dormirá, com luz opaca,
entre essas coisas que o tempo
sabe esquecer, uma faca.

Era de Saverio Suárez,
Chileno o chamava a gente,
que em eleições e bolichos
provou ser sempre um valente.

Los chicos, que son el diablo,
lo buscarán con sigilo
y probarán en la yema
si no se ha mellado el filo.

Cuántas veces habrá entrado
en la carne de un cristiano
y ahora está arrumbado y solo,
a la espera de una mano,

que es polvo. Tras el cristal
que dora un sol amarillo
a través de años y casas,
yo te estoy viendo, cuchillo.

As crianças, endiabradas,
vão procurá-la em segredo
e verão se ainda é afiada
riscando a ponta do dedo.

Quantas vezes terá entrado
na carne de algum cristão
e agora isolada e só,
fica à espera dessa mão

que virou pó. Atrás do vidro
que doura um sol amarelo
através de anos e casas,
ali estás, faca, e te enxergo.

el títere

A un compadrito le canto
que era el patrón y el ornato
de las casas menos santas
del barrio de Triunvirato.

Atildado en el vestir,
medio mandón en el trato;
negro el chambergo y la ropa,
negro el charol del zapato.

Como luz para el manejo
le firmaba un garabato
en la cara al más garifo,
de un solo brinco, a lo gato.

Bailarín y jugador,
no sé si chino o mulato,
lo mimaba el conventillo,
que hoy se llama inquilinato.

o títere

Canto para um *compadrito**
que já foi patrão e ornato
das casas não muito santas
da avenida Triunvirato.

Esmerado no vestir,
um tanto mandão no trato;
negro o chapéu, negra a roupa,
negro o verniz do sapato.

Um raio no uso da faca
assinava um risco fino
num só lanho, como um gato,
no rosto do mais ladino.

Chinês, mulato, não sei...
bom de baile e de carteado,
queridinho do cortiço
que agora é comunidade.

* Personagem popular, arrogante, provocador, brigão, afetado no estilo e na vestimenta.

A las pardas zaguaneras
no les resultaba ingrato
el amor de ese valiente,
que les dio tan buenos ratos.

El hombre, según se sabe,
tiene firmado un contrato
con la muerte. En cada esquina
lo anda acechando el mal rato.

Un balazo lo tumbó
en Thames y Triunvirato;
se mudó a un barrio vecino,
el de la Quinta del Ñato.

As pardas que andam na rua
no amor daquele valente
que bons momentos lhes dava
não viam inconveniente.

O homem, como se sabe,
tem um contrato com a morte
e por isso em cada esquina
de tocaia está a má sorte.

Na Thames com a Triunvirato
um balaço o derrubou;
transferiu-se para o bairro
dos Pés Juntos e ficou.

milonga de los morenos

Alta la voz y animosa
como si cantara flor,
hoy, caballeros, le canto
a la gente de color.

Marfil negro los llamaban
los ingleses y holandeses
que aquí los desembarcaron
al cabo de largos meses.

En el barrio del Retiro
hubo mercado de esclavos;
de buena disposición
y muchos salieron bravos.

De su tierra de leones
se olvidaron como niños
y aquí los aquerenciaron
la costumbre y los cariños.

milonga dos morenos

Em voz forte e decidida
como quem cantasse flor,
hoje, cavalheiros, canto
os indivíduos de cor.

De marfim negro os chamavam
os ingleses e holandeses
que aqui os desembarcaram
transcorridos longos meses.

Para os lados do Retiro
houve mercado de escravos;
de boa disposição
e muitos saíram bravos.

De sua terra de leões
se esqueceram no caminho,
e aqui os aquerenciaram
o costume e os carinhos.

Cuando la patria nació
una mañana de Mayo,
el gaucho sólo sabía
hacer la guerra a caballo.

Alguien pensó que los negros
no eran ni zurdos ni ajenos
y se formó el Regimiento
de Pardos y de Morenos.

El sufrido regimiento
que llevó el número seis
y del que dijo Ascasubi:
"Más bravo que gallo inglés".

Y así fue que en la otra banda
esa morenada, al grito
de Soler, atropelló
en la carga del Cerrito.

Martín Fierro mató un negro
y es casi como si hubiera
matado a todos. Sé de uno
que murió por la bandera.

De tarde en tarde en el Sur
me mira un rostro moreno,
trabajado por los años
y a la vez triste y sereno.

Quando esta pátria nasceu
em certa manhã de maio,
somente o *gaucho* sabia
fazer a guerra a cavalo.

Alguém concluiu que os negros
não tinham nada de menos
e criou-se o Regimento
dos Pardos e dos Morenos.

O sofrido regimento
era o de número seis
e dele disse Ascasubi:
"Mais bravo que galo inglês".

E assim foi que na outra banda
essa morenada, ao grito
de Soler, arremeteu
na Batalha do Cerrito.

Martín Fierro matou um
e é quase como se houvera
matado todos os negros.
Um morreu pela bandeira.

De tarde em tarde no Sul
me fita um rosto moreno,
castigado pelos anos
de aspecto triste e sereno.

¿A qué cielo de tambores
y siestas largas se han ido?
Se los ha llevado el tiempo,
el tiempo, que es el olvido.

Para que céu de tambores
e de sestas terão ido?
Foram nos braços do tempo,
do tempo, chamado olvido.

milonga para los orientales

Milonga que este porteño
dedica a los orientales,
agradeciendo memorias
de tardes y de ceibales.

El sabor de lo oriental
con estas palabras pinto;
es el sabor de lo que es
igual y un poco distinto.

Milonga de tantas cosas
que se van quedando lejos;
la quinta con mirador
y el zócalo de azulejos.

milonga para os orientais*

Milonga que este portenho
dedica aos orientais,
agradecendo memórias
de tardes e de ceibais.

O sabor do que é oriental
com estas palavras pinto;
é o sabor daquilo que é
igual e um pouco distinto.

Milonga de tanta coisa
que vai ficando distante;
do rodapé de azulejos
na granja com seu mirante.

* Banda Oriental del Uruguay era o nome do território que ficava a leste do rio Uruguai e ao norte do Rio da Prata, mais ou menos onde atualmente se situam o Uruguai e o estado do Rio Grande do Sul, constituindo a parte mais oriental do Vice-Reinado do Rio da Prata. Ainda hoje os cidadãos do Uruguai são designados como "*orientales*", inclusive na abertura do hino nacional desse país.

En tu banda sale el sol
apagando la farola
del Cerro y dando alegría
a la arena y a la ola.

Milonga de los troperos
que hartos de tierra y camino
pitaban tabaco negro
en el Paso del Molino.

A orillas del Uruguay,
me acuerdo de aquel matrero
que lo atravesó, prendido
de la cola de su overo.

Milonga del primer tango
que se quebró, nos da igual,
en las casas de Junín
o en las casas de Yerbal.

Como los tientos de un lazo
se entrevera nuestra historia,
esa historia de a caballo
que huele a sangre y a gloria.

Milonga de aquel gauchaje
que arremetió con denuedo
en la pampa, que es pareja,
o en la Cuchilla de Haedo.

Areia e ondas se alegram
e some a luz do farol
do Cerro pois em tua banda
todo dia sai o sol.

Milonga para os tropeiros
que no Paso del Molino
pitavam tabaco escuro
fartos de estrada e pó fino.

Às margens do Uruguai,
relembro aquele matreiro
que o cruzou dependurado
na cauda do seu oveiro.

Milonga para o primeiro
tango, tanto tempo atrás
foi nas casas da Junín
ou da Yerbal? Tanto faz.

Tal como os tentos de um laço
se embaralha nossa história,
história sempre a cavalo,
com cheiro de sangue e glória.

Milonga da gauchagem
que investiu sem sentir medo
no pampa, que é sempre igual,
ou na Coxilha do Haedo.

¿Quién dirá de quiénes fueron
esas lanzas enemigas
que irá desgastando el tiempo,
si de Ramírez o Artigas?

Para pelear como hermanos
era buena cualquier cancha;
que lo digan los que vieron
su último sol en Cagancha.

Hombro a hombro o pecho a pecho,
cuántas veces combatimos.
¡Cuántas veces nos corrieron,
cuántas veces los corrimos!

Milonga del olvidado
que muere y que no se queja;
milonga de la garganta
tajeada de oreja a oreja.

Milonga del domador
de potros de casco duro
y de la plata que alegra
el apero del oscuro.

Milonga de la milonga
a la sombra del ombú,
milonga del otro Hernández
que se batió en Paysandú.

Quem sabe quem empunhava
essas lanças inimigas
que o tempo irá desgastando?
Os de Ramírez? De Artigas?

Para lutar como irmãos
era boa qualquer cancha,
como sabem os que viram
seu sol final em Cagancha.

Ombro a ombro ou peito a peito,
quantas vezes nós lutamos.
Quantas fomos enxotados,
e quantas os enxotamos!

Milonga do abandonado
que morre como uma ovelha;
e milonga da garganta
talhada de orelha a orelha.

Milonga do domador
de potros de casco duro,
da prata que dá alegria
aos aperos do obscuro.

Milonga que é da milonga
sombreada pelo umbu,
milonga do outro Hernández,
que lutou em Paysandú.

Milonga para que el tiempo
vaya borrando fronteras;
por algo tienen los mismos
colores las dos banderas.

Milonga para que o tempo
vá desfazendo fronteiras;
afinal vemos as mesmas
cores nas duas bandeiras.

milonga de albornoz

Alguien ya contó los días,
Alguien ya sabe la hora,
Alguien para Quien no hay
ni premuras ni demora.

Albornoz pasa silbando
una milonga entrerriana;
bajo el ala del chambergo
sus ojos ven la mañana,

la mañana de este día
del ochocientos noventa;
en el bajo del Retiro
ya le han perdido la cuenta

de amores y de trucadas
hasta el alba y de entreveros
a fierro con los sargentos,
con propios y forasteros.

milonga de albornoz

Alguém já contou os dias,
Alguém já conhece a hora,
Alguém para Quem não há
nem urgências nem demora.

De Entre Ríos uma milonga
Albornoz passa e assobia;
sob a aba do chambergo
seus olhos fitam o dia,

certa manhã de oitocentos
e noventa; na baixada
do Retiro ninguém sabe
quantas foram suas trucadas

de noite inteira, os amores
e inúmeros entreveros
a ferro com os sargentos,
os próprios e os forasteiros.

Se la tienen bien jurada
más de un taura y más de un pillo;
en una esquina del Sur
lo está esperando un cuchillo.

No un cuchillo sino tres,
antes de clarear el día,
se le vinieron encima
y el hombre se defendía.

Un acero entró en el pecho,
ni se le movió la cara;
Alejo Albornoz murió
como si no le importara.

Pienso que le gustaría
saber que hoy anda su historia
en una milonga. El tiempo
es olvido y es memoria.

Juraram matá-lo tauras
e muita gente velhaca;
em uma esquina do Sul
está à sua espera uma faca.

Não só uma faca, mas três,
antes de clarear o dia,
pularam em cima dele
e o homem se defendia.

Um aço entrou-lhe no peito,
seu rosto nem se moveu;
como se não se importasse,
Alejo Albornoz morreu.

Acho que ele gostaria
de saber que hoje sua história
virou milonga — pois tempo
é esquecimento e memória.

milonga de manuel flores

Manuel Flores va a morir.
Eso es moneda corriente;
morir es una costumbre
que sabe tener la gente.

Y sin embargo me duele
decirle adiós a la vida,
esa cosa tan de siempre,
tan dulce y tan conocida.

Miro en el alba mis manos,
miro en las manos las venas;
con extrañeza las miro
como si fueran ajenas.

Vendrán los cuatro balazos
y con los cuatro el olvido;
lo dijo el sabio Merlín:
morir es haber nacido.

milonga de manuel flores

Manuel Flores vai morrer.
Isso é moeda corrente;
morrer é um comportamento
que pratica toda gente.

E mesmo assim me dá pena
dizer adeus a esta vida,
uma coisa tão de sempre,
tão doce e tão conhecida.

Manhã cedo, olho estas mãos,
e nestas mãos olho as veias;
com estranheza é que as olho
como se fossem alheias.

Virão os quatro balaços;
e com os quatro o olvido;
já disse o sábio Merlin:
morrer é haver nascido.

¡Cuánta cosa en su camino
estos ojos habrán visto!
Quién sabe lo que verán
después que me juzgue Cristo.

Manuel Flores va a morir.
Eso es moneda corriente;
morir es una costumbre
que sabe tener la gente.

Quanta coisa em seu caminho
estes olhos terão visto!
quem sabe o que ainda verão
depois que me julgue Cristo.

Manuel Flores vai morrer.
Isso é moeda corrente.
Morrer é um comportamento
que pratica toda gente.

milonga de calandria

Servando Cardoso el nombre
y Ño Calandria el apodo;
no lo sabrán olvidar
los años, que olvidan todo.

No era un científico de esos
que usan arma de gatillo;
era su gusto jugarse
en el baile del cuchillo.

Cuántas veces en Montiel
lo habrá visto la alborada
en brazos de una mujer
ya tenida y ya olvidada.

El arma de su afición
era el facón caronero.
Fueron una sola cosa
el cristiano y el acero.

milonga de calandria

Servando Cardoso o nome,
o apelido Calandria;
os anos, que esquecem tudo,
não vão esquecê-lo um dia.

Não era um cientista desses
que empregam arma de fogo;
no bailado do cuchilho
entrava, como num jogo.

Quantas vezes em Montiel
tê-lo-á visto a alvorada
nos braços de uma mulher
possuída e já olvidada.

A arma que preferia
era o facão caroneiro.
Foram uma e a mesma coisa
o cristão e seu aceiro.

Bajo el alero de sombra
o en el rincón de la parra,
las manos que dieron muerte
sabían templar la guitarra.

Fija la vista en los ojos,
era capaz de parar
el hachazo más taimado.
¡Feliz quien lo vio pelear!

No tan felices aquellos
cuyo recuerdo postrero
fue la brusca arremetida
y la entrada del acero.

Siempre la selva y el duelo,
pecho a pecho y cara a cara.
Vivió matando y huyendo.
Vivió como si soñara.

Se cuenta que una mujer
fue y lo entregó a la partida;
a todos, tarde o temprano,
nos va entregando la vida.

No recanto da parreira
ou à sombra sobre o chão,
as mãos que davam a morte
tangiam o violão.

Com olhos fixos em olhos,
era capaz de parar
o golpe mais tarimbado.
Feliz quem o viu lutar!

Não tão feliz é quem tem
como lembrança final
uma brusca arremetida
e a entrada do punhal.

Sempre a selva, sempre o duelo,
peito a peito e face a face.
Viveu matando e fugindo.
Viveu como se sonhasse.

Conta-se que uma mulher
foi e entregou-o aos soldados;
cedo ou tarde a todos nós
a vida entrega ao outro lado.

evaristo carriego (1930)

... a mode of truth, not of truth coherent and central, but angular and splintered.

De Quincey, *Writings*, XI, 68

prólogo

Acreditei, durante anos, ter crescido num subúrbio de Buenos Aires, um subúrbio de ruas aventurosas e ocasos visíveis. A verdade é que cresci num jardim, atrás de uma grade com lanças, e numa biblioteca de ilimitados livros ingleses. Palermo da faca e do violão estava (garantem-me) nas esquinas, mas os personagens que povoaram minhas manhãs e imprimiram agradável horror a minhas noites foram o corsário cego de Stevenson agonizando debaixo das patas dos cavalos, e o traidor que abandonou o amigo ao luar, e o viajante do tempo que trouxe do futuro uma flor murcha, e o gênio encarcerado durante séculos no cântaro de Salomão, e o profeta velado do Kurassan que por trás das pedrarias e da seda ocultava a lepra.

O que se passava, enquanto isso, do outro lado da grade com lanças? Que destinos vernáculos e violentos foram se cumprindo a alguns passos de mim, no sombrio armazém ou no imprevisível terreno baldio? Como foi aquele Palermo, ou como teria sido bom que houvesse sido?

A essas perguntas este livro, menos documental que imaginativo, quis responder.

J. L. B.

declaração

Penso que o nome de Evaristo Carriego fará parte da *ecclesia visibilis* de nossas letras, cujas instituições pias — cursos de oratória, antologias, histórias da literatura nacional — contarão definitivamente com ele. Penso também que fará parte da mais verdadeira e reservada *ecclesia invisibilis*, da dispersa comunidade dos justos, e que essa melhor inclusão não se deverá à parcela de lágrimas de suas palavras. Tratei de refletir sobre essas opiniões.

Considerei também — talvez com preferência indevida — a realidade que ele pretendeu imitar. Preferi proceder por definição, não por suposição: risco voluntário, pois quero crer que mencionar *rua Honduras* e abandonar-se à repercussão casual desse nome é método menos falível — e mais repousado — que defini-lo com prolixidade. Os que sentem afeto pela temática de Buenos Aires não se impacientarão com essas delongas. Para eles, acrescentei os capítulos do suplemento.

Vali-me do livro utilíssimo de Gabriel e dos estudos de Melián Lafinur e de Oyuela. Minha gratidão quer ainda reconhecer outros nomes: Julio Carriego, Félix Lima, doutor Marcelino del Mazo, José Olave, Nicolás Paredes, Vicente Rossi.

J. L. B.
Buenos Aires, 1930

I

palermo de buenos aires

A determinação da antiguidade de Palermo se deve a Paul Groussac. Registram-na os *Anales de la Biblioteca*, numa nota da página 360 do tomo IV; as provas ou documentos foram publicados muito depois, no número 242 de *Nosotros*. Materializam diante de nós um Domínguez (Domenico) de Palermo, siciliano da Itália, que acrescentou o nome de sua pátria ao próprio nome, possivelmente para manter algum apelativo não hispanizável, "*y entró a beinte años y está casado con hija de conquistador*". Esse, então, Domínguez Palermo, fornecedor de carne da cidade entre os anos 1605 e 1614, era dono de um curral nas proximidades do Maldonado, destinado ao encerro ou ao abate de gado selvagem. Degolada e extinta foi essa criação de gado, mas resta-nos a menção precisa a "uma mula tordilha que vaga pela chácara de Palermo, no limite desta cidade". Vejo-a absurdamente nítida e miudinha, no fundo do tempo, e não quero onerá-la com detalhes. Que nos baste vê-la só: o embaralhado estilo incessante da realidade, pontuado de ironias, de surpresas, de previsões estranhas como as surpresas, só pode ser recuperado pelo romance, deslocado aqui. Felizmente, o copioso estilo da realidade não é o único: há também o da lembrança, cuja essência não é a ramificação dos fatos, mas a perduração de episódios isolados. Essa poesia condiz com nossa ignorância, e não procurarei outra.

Nos primeiros esboços de Palermo estão a chácara decente e o matadouro infame; outra coisa que não faltava em suas noites era uma ou outra embarcação contrabandista holandesa que atracava no baixio, diante dos juncais vergados. Recuperar essa pré-história quase imóvel seria compor insensatamente uma crônica de processos infinitesimais: as etapas da distraída marcha secular de Buenos Aires sobre Palermo, na época vagos terrenos alagadiços adossados à pátria. O modo mais direto, de acordo com o procedimento cinematográfico, seria propor uma sequência de figuras que cessam: uma enfiada de mulas vinhateiras, as xucras de cabeça vendada; uma água quieta e extensa na qual flutuam algumas folhas de salgueiro; uma vertiginosa *alma penada* empoleirada em varões, vadeando os torrenciais arroios; o campo aberto sem nenhuma atividade; as pegadas do pisoteio obstinado de uma manada a caminho dos currais do Norte; um peão (tendo por fundo a madrugada) que apeia do cavalo rendido e lhe degola o amplo pescoço; uma fumaça que se esgarça no ar. E assim até a fundação, por dom Juan Manuel: pai já mitológico de Palermo, não meramente histórico, como o tal Domínguez-Domenico mencionado por Groussac. A fundação foi no braço. Uma chácara que o tempo suaviza, no caminho para Barracas, era o habitual na época. Mas Rosas queria edificar, queria a casa filha dele, não saturada de destinos forasteiros, não saboreada por eles. Milhares de carregamentos de terra preta foram trazidos dos *alfafais de Rosas* (depois Belgrano) para nivelar e adubar o solo argiloso, até que a lama rebelde e a terra ingrata de Palermo se conformassem a sua vontade.

Por volta de 1840, Palermo assumiu a posição de sede do poder da República, corte do ditador e palavra maldita para os unitários. Não relato sua história para não deslustrar o resto. Contento-me em evocar "essa grande casa caiada denominada seu Palácio" (Hudson, *Far Away and Long Ago*, p. 108) e os laranjais e o tanque de paredes de azulejo e balaustrada de ferro pelo qual ousava avançar o bote do Restaurador, numa navegação a tal ponto frugal que Schiaffino comentou:

> O passeio aquático em águas rasas devia ser pouco prazeroso, e num circuito tão curto equivalia a navegação em miniatura. Mas Rosas estava tranquilo; erguendo os olhos via a silhueta, recortada no céu, das sentinelas que montavam guarda junto à balaustrada, escrutando o horizonte com os olhos vigilantes do quero-quero.

E aquela corte já se espraiava pelos arredores: o atarracado acampamento de adobe cru da Divisão Hernández e a rancharia combativa e apaixonada das negras que acompanhavam os *Cuartos* [Batalhões] de Palermo. O bairro, como veem, sempre foi carta de dois naipes, moeda de duas faces.

Durou doze anos esse renhido Palermo, na ansiedade da exigente presença de um homem obeso e louro que trilhava os caminhos limpinhos, de calça azul militar com debrum vermelho e colete rubro e chapéu de abas muito largas, e que costumava manipular e brandir um longo caniço, cetro que parecia de ar, leve. De Palermo num entardecer saiu aquele homem timorato para comandar a mera correria ou batalha perdida de antemão travada em Caseros; em Palermo veio instalar-se o outro Rosas, Justo José, com sua pinta de touro xucro e o cordão *mazorquero** carmesim cingindo a cartola ridícula e o uniforme empolado de general. Instalou-se, e se os panfletos de Ascasubi não nos iludem:

en la entrada de Palermo
ordenó poner colgados
a dos hombres infelices,
que después de afusilados
los suspendió en los ombuses,
hasta que de allí a pedazos
*se cayeron de podridos...***

Ascasubi, em seguida, volta-se para a tresmalhada tropa entrerriana do Exército Grande:

Entretanto en los barriales
de Palermo amontonaos
cuasi todos sin camisa
estaban sus Entre-rianos
(*como él dice*) *miserables,*

* Relativo a Mazorca, sociedade secreta e terrorista a serviço de Juan Manuel de Rosas.
** logo à entrada de Palermo/ uma dupla de coitados/ ordenou que pendurassem,/ que depois de fuzilados/ suspendeu nos umbuzeiros,/ até que dali aos pedaços/ caíssem, apodrecidos...

comiendo terneros flacos
*y vendiendo las cacharpas...**

Milhares de dias ausentes da lembrança, áreas embaçadas do tempo, cresceram e depois se consumiram, até arribar, por meio de fundações individuais — a Penitenciária em 1877, o Hospital Norte em 1882, o Hospital Rivadavia em 1887 —, ao Palermo de vésperas de 1890, onde os Carriego compraram casa. É sobre esse Palermo de 1889 que desejo escrever. Contarei sem restrições o que sei, sem omissão alguma, porque a vida é pudica como um delito e não sabemos o que Deus enfatiza. Além disso, o circunstancial é sempre patético.[10] Escreverei tudo, correndo o risco de escrever verdades notórias mas que amanhã há de embaralhar o descuido, que é a feição mais pobre do mistério e seu primeiro rosto.[11]

* Enquanto isso nos barreiros/ de Palermo amontoados/ quase todos sem camisa/ estavam seus Entre-rianos/ (como ele diz) miseráveis,/ comendo bezerros magros/ e vendendo a trastaria...

10 "O patético, quase sempre, está no detalhe das miúdas circunstâncias", observa Gibbon numa das notas finais do capítulo 50 de seu *Decline and Fall*.

11 Afirmo — sem falsos receios nem literário amor pelo paradoxo — que somente os países novos têm passado; ou seja, lembrança autobiográfica de um passado; ou seja, têm história viva. Se o tempo é um suceder-se, temos de reconhecer que onde há densidade maior de fatos mais tempo transcorre, e que o tempo mais caudaloso é o deste inconsequente lado do mundo. A conquista e a colonização destes reinos — quatro temerosos fortins de barro engastados na costa e vigiados pelo penso horizonte, arco que disparava ataques indígenas — foram de tão efêmera operação que aconteceu de um avô meu, em 1872, comandar a última batalha importante contra os índios, realizando, na segunda metade do século XIX, obra conquistadora empreendida no século XVI. Mas de que serve evocar destinos já mortos? Não percebi o leve curso do tempo em Granada, à

Para lá do ramal da ferrovia do Oeste, que seguia pela avenida Centroamérica, o bairro se estendia entre bandeirolas de leiloeiros, não apenas sobre o campo elementar, mas também sobre o despedaçado corpo de granjas, brutalmente loteadas para serem em seguida aviltadas por armazéns, carvoarias, pátios internos, pardieiros, barbearias e depósitos. Muito jardim sufocado de bairro, desses com palmeiras enlouquecidas entre escombros e ferragens, é a relíquia degenerada e mutilada de alguma grande estância.

Palermo era uma despreocupada pobreza. A figueira escurecia sobre o taipal; os balcõezinhos de modesto destino davam para dias iguais; a desgarrada corneta do vendedor de amendoim explorava o anoitecer. Sobre a humildade das casas não era raro ver um jarrão de alvenaria coroado aridamente por tunas: planta sinistra que no sono universal das outras parece corresponder a uma área de pesadelo mas que é tão sofrida, na verdade, e vive nos terrenos mais ingratos e no ar deserto, e é distraidamente considerada um adorno. Havia felicidades, também: o canteirinho do pátio, a marcha cadenciada do compadre, a balaustrada com recortes de céu.

O cavalo escorrido de limo verdoso e seu Garibaldi não deprimiam os antigos Portões. (É um mal dissemi-

---

sombra de torres centenas de vezes mais antigas que as figueiras, mas na esquina da Pampa com a Triunvirato, sim: insípido local de telhas anglicizantes hoje, fornos fumegantes de tijolos há três anos, cavalariças caóticas há cinco. O tempo — emoção europeia de homens numerosos em dias, e quase seu reclamo e seus louros — é da mais imprudente circulação nestas repúblicas. Os jovens, a contragosto, sentem-no. Aqui somos do mesmo tempo que o tempo, somos irmãos do tempo.

nado: não há praça que não se ressinta de seu tormento de bronze.) O Jardim Botânico, estaleiro silencioso de árvores, pátria de todos os passeios da capital, fazia esquina com uma descuidada praça de terra; já o Jardim Zoológico, que na época chamavam "As feras", ficava mais ao norte. Hoje (cheirando a caramelo e a tigre) ocupa o lugar onde há cem anos fervilhavam os *Cuartos* de Palermo. Apenas algumas ruas — Serrano, Canning, Coronel — exibiam um calçamento tosco, com duas faixas de pedra lisa, as "trotadoras", para a passagem das carroças imponentes como um desfile e para as pomposas vitórias. A rua Godoy Cruz era galgada aos sacolejos pelo 64, veículo prestimoso que compartilha com a poderosa sombra pretérita de dom Juan Manuel a fundação de Palermo. A viseira de viés e a corneta milongueira do condutor induziam a admiração ou as imitações do bairro, mas o fiscal — questionador profissional da honestidade — era uma instituição combatida, e mais de um compadre enfiou o tíquete na braguilha anunciando com indignação que, se era aquilo que ele queria, era só retirá-lo.

Procuro realidades mais nobres. Para os lados de Balvanera, a leste, havia muitos casarões com retilínea sucessão de pátios, casarões amarelos ou pardos com porta em forma de arco — arco repetido especularmente no outro vestíbulo — e com delicada porta de duas folhas de ferro batido. Quando as noites impacientes de outubro levavam cadeiras e pessoas para a calçada e as casas devassadas se deixavam ver até o fundo e havia uma luz amarela nos pátios, a rua era confidencial e leve e as casas ocas eram como lanternas enfileiradas. Para mim, essa impressão de irrealidade, de serenidade, é lembrada de forma mais eficaz por meio de uma história ou símbolo que parece ter me acompanhado desde sempre. É um episódio destacado de uma história que ouvi num armazém e que era ao mesmo tempo trivial e complexa. Sem muita segurança, recupero-a. O herói dessa extraviada Odisseia era o eterno *criollo* acossado pela justiça, dessa vez delatado por um indivíduo troncho e odioso, mas sem rival ao violão. A história, o momento retido da história, narra como o herói conseguiu fugir da prisão, como era preciso que se vingasse numa única noite, como em vão procurou o traidor, como ao vagar pelas ruas ao luar o vento submisso lhe trouxe indícios do violão, como perseguiu aquele rastro entre os labirintos e as inconstâncias do vento, como dobrou e voltou a dobrar as esquinas de Buenos Aires, como afinal chegou ao umbral afastado no qual o traidor dedilhava seu instrumento, como, abrindo caminho em meio aos que o escutavam, ergueu-o sobre a faca, como saiu aturdido e desapareceu, deixando atrás de si mortos e calados o delator e seu violão delator.

Para os lados do poente ficava a miséria gringa do bairro, sua nudez. A expressão "*las orillas*"* designa com precisão sobrenatural esses extremos rarefeitos, onde a terra assume a indeterminação do mar e parece digna de ilustrar a insinuação de Shakespeare: "A terra tem bolhas, como as tem a água". Para os lados do poente havia ruelas empoeiradas que iam se empobrecendo tarde afora; havia lugares onde um galpão de estrada de ferro ou uma clareira de agaves ou uma brisa quase confidencial

* "As margens", literalmente. O termo se refere à periferia da cidade, onde vivem os *orilleros*.

inaugurava canhestramente o pampa. Ou então, uma dessas casas minguadas e sem reboco, de janela baixa, com grades — às vezes com uma esteira amarela atrás, com figuras — que a solidão de Buenos Aires parece criar, sem participação humana visível. Depois: o Maldonado, valeta ressecada e amarela, avançando sem destino a partir da Chacarita e que por um milagre incrível passava do estado de morto de sede às tremendas extensões de água violenta que arriavam a rancharia moribunda das margens. Há uns cinquenta anos, do outro lado dessa valeta ou morte irregular, começava o céu: um céu de relinchos e crinas e pasto ameno, um céu cavalar, os preguiçosos *happy hunting-grounds* das cavalhadas eméritas da polícia. Nas proximidades do Maldonado rareavam os malevos nativos, substituídos pelos calabreses, uma gente com quem ninguém queria conversa, considerando a perigosa boa memória de seu rancor e suas punhaladas traiçoeiras a longo prazo. Ali Palermo se entristecia, pois os trilhos do Pacífico corriam ao longo do arroio, descarregando a peculiar tristeza das coisas escravizadas e grandes, das barreiras altas como o varão da carreta em posição de descanso, dos pulcros aterros e plataformas. Uma fronteira de fumaça operosa, uma fronteira de vagões brutos movimentando-se arrematava aquele lado; atrás, crescia ou emperrava o arroio. Nesse momento o encarceram: aquele flanco quase infinito de solidão que havia pouco se encavernava, logo depois da confeitaria e casa de truco La Paloma será substituído por uma rua catita, de telhas ao estilo inglês. Do Maldonado restará apenas nossa lembrança, alta e solitária, e o melhor sainete argentino, e os dois tangos que levam seu nome —

um, o mais antigo, circunstancial e despreocupado, mero acompanhamento, oportunidade para apostar tudo nos movimentos bruscos da dança; outro, um dolorido tango--canção ao estilo da Boca — além de um ou outro clichê sem grandeza que não transmitirá o essencial, a impressão de espaço, e uma equivocada outra vida na imaginação daqueles que não o vivenciaram. Pensando nisso, não creio que o Maldonado fosse diferente de outros lugares muito pobres, mas a ideia de seu populacho desafogando-se em bordéis de quinta, à sombra da inundação e do fim, se impunha à imaginação popular. Assim, no hábil sainete que mencionei, o arroio não é um esgarçado pano de fundo: é uma presença, muito mais importante que o mulato Nava e que a china Dominga e que o Títere. (A ponte Alsina, com seu passado navalhista ainda não cicatrizado e sua lembrança da patriotada grande de 1880, desbancou-o na mitologia de Buenos Aires. No que se refere à realidade, é fácil constatar que os bairros mais pobres costumam ser os mais humildes, e que neles floresce uma espavorida decência.) Dos lados do arroio se erguiam as altas tempestades de terra que toldavam o dia, e a investida de ar do pampeiro,* que batia todas as portas voltadas para o sul e deixava no alpendre uma flor de cardo, e a arrasadora nuvem de gafanhotos, que as pessoas tratavam de expulsar aos gritos,[12] e a solidão e a chuva. De pó era o gosto daquela *orilla*.

Para os lados da água traiçoeira do rio, na direção do

* Vento frio vindo da Antártida, típico da Argentina.

12 Destruí-los era coisa de hereges, porque ostentavam o sinal da cruz: marca de sua emissão e repartição especiais por parte do Senhor.

bosque, o bairro endurecia. A primeira edificação dessa área foram os matadouros do Norte, que corriam cerca de dezoito quarteirões entre as futuras ruas Anchorena, Las Heras, Austria e Beruti, e hoje sem outra relíquia verbal além da designação La Tablada [A Charqueada], que ouvi da boca de um carreteiro, desinformado quanto a sua antiga justificativa. Induzi o leitor à imaginação desse amplo recinto de muitas quadras e, embora os currais tenham desaparecido nos anos 70, a configuração é típica do lugar, até hoje ocupado por locais amplos — o cemitério, o Hospital Rivadavia, o presídio, o mercado, o estábulo municipal, o atual lanifício, a cervejaria, a Chácara de Hale — com um pobrerio de castigados destinos ao redor. Essa chácara era mencionada por duas razões: pelos perais que a gurizada do bairro saqueava em clandestinas incursões e pelo espectro que visitava a banda da rua Agüero, com a cabeça impossível reclinada sobre o suporte de um lampião. Porque aos perigos reais de um compadrio navalhista e altivo era preciso adicionar os fantásticos de uma mitologia foragida; a Viúva e o extravagante Porco de Lata, sórdidos como a má vida, foram as criaturas mais temidas naquela religião de periferia. Antes aquele norte havia sido uma queimada: natural que refugos de almas gravitassem em seu ar. Ainda hoje há esquinas pobres que só não vêm abaixo porque mesmo na atualidade as escoram os *compadritos** mortos.

Para quem descia pela rua de Chavango (depois Las Heras), o último boteco do caminho era La Primera Luz,

* *Compadrito*: personagem popular, arrogante, provocador, brigão, afetado no estilo e na vestimenta.

nome que, apesar de aludir aos hábitos madrugadores do lugar, deixa uma impressão — exata — de cegas ruas atascadas sem vivalma, e, enfim, nas cansadas curvas, de uma humana luz de armazém. Entre os fundos do cemitério vermelho do Norte e os da Penitenciária ia se conformando a partir do pó um subúrbio plano e deslocado, sem acabamento: sua notória denominação, Terra do Fogo. Escombros dos primórdios, esquinas de violência ou solidão, homens furtivos que se convocam com assobios e se dispersam de repente na noite lateral dos becos, definiam seu caráter. O bairro era uma esquina final. Uma bandidagem a cavalo, bandidagem de chambergo enviesado sobre os olhos e bombacha acaipirada, travava, por inércia ou por empenho, uma guerra de duelos individuais com a polícia. A lâmina do valentão suburbano, sem ser tão longa — luxo de valentes usá-la curta —, era de melhor têmpera que o facão adquirido pelo Estado, ou seja, que favorecia o custo mais alto com o material de pior qualidade. Conduzia-a um braço mais desejoso de atingir, melhor conhecedor dos rumos imediatos do entrevero. Por virtude exclusiva da rima, um instante desse empuxo sobreviveu a um desgaste de quarenta anos:

Hágase a un lao, se lo ruego,
que soy de la Tierra' el Juego.[*][13]

Não só de lutas; essa fronteira era também de violões.

* Saia da frente, eu lhe rogo,/ que sou da Terra do Fogo.
13 Taullard, *Nuestro antiguo Buenos Aires* (1927), p. 233.

Escrevo estes recuperados fatos e me solicita com arbitrariedade aparente o agradecido verso de *Home-Thoughts*: "*Here and here did England help me*",* que Browning escreveu pensando numa abnegação sobre o mar e no alto navio torneado como um bispo de xadrez em que Nelson caiu, e que repetido por mim — traduzido também o nome da pátria, pois para Browning não era menos imediato o de sua Inglaterra — me serve como símbolo de noites solitárias, de excursões extasiadas e eternas pela infinitude dos bairros. Porque Buenos Aires é funda e nunca, na desilusão ou no pesar, me abandonei à suas ruas sem receber inesperado consolo, ora por sentir irrealidade, ora pelo som de violões vindo do fundo de um pátio, ora pela vizinhança de vidas. "*Here and here did England help me*", aqui e aqui Buenos Aires me socorreu. Essa razão é uma das razões pelas quais resolvi escrever este primeiro capítulo.

* Aqui e aqui, ajudou-me a Inglaterra.

II
uma vida de evaristo carriego

O fato de um indivíduo querer despertar em outro indivíduo lembranças que pertenceram exclusivamente a um terceiro é um paradoxo evidente. Realizar esse paradoxo com despreocupação é a inocente vontade de toda biografia. Penso ainda que ter conhecido Carriego não ameniza, neste caso específico, a dificuldade da intenção. Guardo lembranças de Carriego: lembranças de lembranças de outras lembranças cujos mínimos desvios iniciais terão crescido obscuramente a cada nova tentativa de comunicá-las. Conservam, bem sei, o sabor idiossincrático a que chamo Carriego, e que nos permite identificar um rosto numa multidão. Isso é inegável, mas esse frágil arquivo mnemônico — intenção da voz, especificidades de seu modo de andar e de sua imobilidade, movimentos dos olhos — é, por escrito, a menos comunicável de minhas observações a respeito dele. Transmite-o por si só a palavra "Carriego", que exige a mútua posse da imagem mesma que desejo comunicar. Existe outro paradoxo. Escrevi que basta a menção do nome Evaristo Carriego para que todos os que o conheceram o imaginem; acrescento que toda e qualquer descrição pode satisfazê-los, desde que não desminta grosseiramente a representação já formada, e que a antecede. Repito esta, de Giusti, publicada no número 219 de *Nosotros*: "magro poeta de olhinhos indagadores, sempre vestido de preto, que vivia no subúrbio". O indício de morte, presente na parte "sempre vestido de preto" e no adjetivo, não estava ausente do vivacíssimo rosto, que revelava sem maiores divergências as linhas da caveira interior. A vida, a mais urgente vida, estava nos olhos. Também os evocou com justiça o discurso fúnebre de Marcelo del Mazo. "Aquela intensidade ímpar de seus olhos, com tão pouca luz e tão riquíssimo gesto", escreveu.

Carriego era de Paraná, província de Entre Ríos. Seu avô era o doutor Evaristo Carriego, autor daquele livro de papel escuro e capa rígida denominado, com toda a justiça, *Páginas olvidadas* (Santa Fe, 1895), e que meu leitor, caso cultive o hábito de revirar os turvos purgatórios de livros velhos da rua Lavalle, deve ter manuseado em alguma ocasião. Manuseado e largado, porque a paixão escrita nesse livro é circunstancial. Trata-se de um aglomerado de páginas favoráveis à urgência, em que tudo é requisitado para a ação, desde os latins caseiros até Macaulay ou o Plutarco de Garnier. Sua valentia é de alma: quando a Assembleia Legislativa de Paraná resolveu homenagear Urquiza em vida, erguendo-lhe uma estátua, o único deputado que protestou foi o doutor Carriego, em oração bela embora inútil. Carriego, o antecessor, deve ser lembrado aqui não só por seu possível legado polêmico como também pela tradição literária a que mais adiante recorreria o neto para rascunhar aquelas primeiras coisas sem vigor que são a condição para a existência das válidas.

Carriego era, havia muitas gerações, de Entre Ríos. A modalidade entrerriana do crioulismo, semelhante à do Uruguai, mistura, à maneira dos tigres, o decorativo e o impiedoso. É batalhadora, seu símbolo é a lança *montonera** das *patriadas* [patriotadas]. É doce: de uma doçura opressiva e mortal, doçura sem pudor, que caracteriza as páginas mais belicosas de Leguizamón, Elías Regules e Silva Valdés. É grave: na República Oriental do Uruguai, onde a modalidade a que me refiro é mais evidente, não houve exemplo de obra bem-humorada ou feliz desde os 1400 epigramas hispano-coloniais propostos por Acuña de Figueroa. Quando compõe versos, vacila entre a aquarela e o crime; seu tema não é a aceitação do destino do *Martín Fierro*, mas as febres da aguardente ou das armas, bem edulcoradas. Associada a essa maneira de sentir há uma efusão que não compreendemos, a árvore; uma impiedade que não partilhamos, o índio. Sua gravidade parece derivar de um rigor especialmente acentuado: Segundo Sombra, portenho, conheceu os direitos rumos da planície, o manejo dos rebanhos e um ocasional duelo a faca; se fosse uruguaio, também teria conhecido as cargas de cavalaria das *patriadas*, o duro manejo de homens, o contrabando... Carriego conhecia por tradição esse crioulismo romântico e o combinou com o crioulismo ressentido dos subúrbios.

Às razões evidentes de seu crioulismo — procedência provinciana e o fato de viver na periferia de Buenos Ai-

* As *montoneras* eram formações militares irregulares, constituídas em geral por indivíduos da mesma região, e que ofereciam apoio armado a uma causa ou a um caudilho.

res — cabe acrescentar uma razão paradoxal: a de seu algum sangue italiano, evidenciado no sobrenome materno Giorello. Escrevo sem malícia; o crioulismo do integralmente *criollo* é uma fatalidade, o do mestiço uma decisão, uma atitude escolhida e desejada. A veneração da etnia inglesa que se lê no *inspired Eurasian journalist* Kipling não seria uma prova mais (se a fisionômica não bastasse) de seu sangue misturado?

Carriego costumava vangloriar-se: "Não me basta ter aversão aos gringos; eu os calunio", mas o alegre destempero dessa declaração prova sua inverdade. O *criollo*, com a segurança de seu ascetismo e a de quem está em sua própria casa, considera o gringo um inferior. Acha graça até mesmo em sua tão decantada felicidade. Pertence ao senso comum observar que o italiano pode tudo nesta república, salvo ser levado realmente a sério por aqueles cujo lugar ocupou. Essa benevolência inteiramente baseada no sarcasmo é o revide especial dos *filhos da terra*.

Os espanhóis eram outro alvo preferencial de sua aversão. A imagem corrente do espanhol — o fanático que substituiu o auto de fé pelo *Dicionário de galicismos*, o empregado doméstico cercado pela selva de espanadores — era também a sua. Nem é preciso acrescentar que essa prevenção ou preconceito não impediu que tivesse algumas amizades hispânicas, como a do doutor Severiano Lorente, que parecia ter sempre consigo o tempo ocioso e generoso da Espanha (o vasto tempo muçulmano que engendrou o *Livro das mil e uma noites*) e que permanecia até o amanhecer no Royal Keller diante de sua garrafa de vinho.

Carriego acreditava ter uma dívida para com seu bairro pobre: dívida que o estilo velhaco da época traduzia como rancor mas que ele devia perceber como força. Ser pobre implica uma posse mais imediata da realidade, um confronto com o primeiro gosto áspero das coisas: conhecimento que parece faltar aos ricos, como se todas as coisas chegassem a eles filtradas. Tão em dívida se acreditou Evaristo Carriego para com seu ambiente que em duas diferentes ocasiões de sua obra ele se desculpa por escrever versos para uma mulher, como se a dedicação à pobreza amarga da vizinhança fosse o único emprego lícito de seu destino.

Os fatos de sua vida, sendo infinitos e incalculáveis, são ao mesmo tempo de narrativa aparentemente fácil, e Gabriel os enumera prestativo em seu livro de 1921. Nesse livro, ele relata que nosso Evaristo Carriego nasceu em 1883, no dia 7 de maio, e que completou o terceiro colegial e que frequentava a redação do jornal *La Protesta* e que faleceu no dia 13 de outubro de 1912, além de outras informações pontuais e invisíveis que confiam despreocupadamente a quem as recebe o trabalho descosido do narrador, que é transformar as informações em imagens. Em minha opinião, a sucessão cronológica é inaplicável a Carriego, homem de conversada vida, e passeada. Enumerá-lo, acompanhar a ordem de seus dias, parece-me impossível; melhor ir atrás de sua eternidade, de suas repetições. Só com uma descrição intemporal, morosa e feita com amor podemos recuperá-lo.

Literariamente, suas opiniões críticas ou elogiosas ignoravam a dúvida. Era muito ferino: falava mal dos nomes famosos mais sacramentados com o tipo de opinião infundada explícita que habitualmente não passa de reverência ao próprio cenáculo, a lealdade de acreditar que o conjunto presente é perfeito e não poderia ser melhorado pela adição de ninguém. A revelação da capacidade estética da palavra operou-se nele, como em quase todos os argentinos, graças aos desconsolos e êxtases de Almafuerte: proximidade corroborada mais adiante pela amizade pessoal. O *Quixote* era sua leitura mais frequente. Em relação ao *Martín Fierro*, deve ter adotado o procedimento comum de seu tempo: apaixonadas leituras clandestinas quando jovem, afinidades difusas. Também era aficionado das caluniadas biografias de *guapos** escritas por Eduardo Gutiérrez, da semirromântica de Moreira até a desenganadamente realista de Hormiga Negra, o de San Nicolás (do Arroyo e não me enrolo!). Para ele a França, na época um país de recomendado entusiasmo, subdelegara sua representação a Georges d'Esparbés, a um ou outro romance de Victor Hugo e aos de Dumas. Além disso, tinha o hábito de alardear na conversa essas preferências guerreiras. Adorava discorrer sobre a morte amorosa do caudilho Ramírez, desmontado a golpes de lança e em seguida decapitado por defender sua Delfina, e sobre a de Juan Moreira, que passou dos ardentes embates do lupanar às baionetas policiais e aos balaços. Não descurava da crônica de seu tempo: as punhaladas nos bailinhos e nas esquinas, os confrontos ferozes cuja audácia recai sobre aquele que os relata. "Seus assuntos de conversa", escreveu Giusti mais tarde, "eram os pátios da vizinhança, os queixosos realejos, os bailes, os velórios, os *guapos*, os locais de perdição, sua carne de presídio e de hospital. Nós, homens da Cidade, ouvíamos

* *Guapo*: sujeito bravo, valentão.

tudo aquilo como se ele nos contasse fábulas de um país remoto." Carriego sabia que era frágil e mortal, mas estava respaldado por léguas rosadas de Palermo.

Escrevia pouco, o que significa que seus rascunhos eram orais. Na muito rodada noite boêmia, na plataforma dos Lacroze, nos tardios regressos ao lar, ia tramando versos. No dia seguinte — em geral depois do almoço, hora impregnada de indolência mas sem maiores apuros — passava-os para o papel. Não abusou da noite nem nunca ousou abandonar-se à cerimônia desconsolada de madrugar para escrever. Antes de entregar um original, punha à prova sua eficácia imediata lendo-o ou recitando-o para os amigos. Destes, um é invariavelmente mencionado: Carlos de Soussens.

"Na noite em que Soussens me descobriu", era uma das deixas costumeiras nas conversas de Carriego. Este gostava e não gostava do amigo pelas mesmas razões. Apreciava sua condição de francês, de homem assimilado aos prestígios de Dumas pai, Verlaine e Napoleão; incomodava-o sua condição anexa de gringo, de homem sem mortos na América. Além disso, o oscilante Soussens era na verdade um francês aproximativo: era, como ele mesmo costumava *circunloquear* e Carriego repetiu num verso, "cavalheiro de Friburgo", francês que não era bem francês e não era mais que suíço. Apreciava, teoricamente, sua condição libérrima de boêmio; incomodava-o — até a reflexão pedagógica e a censura — sua complicada ociosidade, sua alcoolização, sua rotina de postergações e lorotas. Esse incômodo demonstra que o Evaristo Carriego da honesta tradição *criolla* era o essencial, e não o homem das noites em claro de *Los inmortales*.

Mas o amigo mais verdadeiro de Carriego foi Marcelo del Mazo, que sentia por ele essa admiração quase perplexa que o homem instintivo costuma provocar no homem de letras. Del Mazo, escritor injustamente esquecido, exercia na arte a mesma cortesia exacerbada de seu trato corriqueiro, e seu argumento eram as piedades ou as delicadezas do mal. Em 1910 publicou *Los vencidos* (segunda série), livro ignorado com algumas páginas virtualmente famosas, como a diatribe contra as pessoas idosas — menos feroz mas mais bem observada que a de Swift (*Travels into Several Remote Nations*, III, 10) — e o intitulado *La última*. Outros escritores do círculo de amigos de Carriego foram Jorge Borges, Gustavo Caraballo, Félix Lima, Juan Mas y Pi, Álvaro Melián Lafinur, Evar Méndez, Antonio Monteavaro, Florencio Sánchez, Emilio Suárez Calimano, Soiza Reilly.

Menciono agora suas amizades no bairro, numerosíssimas. A mais fecunda foi a do caudilho Paredes, na época o mandachuva de Palermo. Foi uma amizade cultivada por Evaristo Carriego desde os catorze anos. Estando com a lealdade disponível, informou-se sobre quem era o caudilho local, ficou sabendo seu nome, foi atrás, abriu caminho entre os fornidos pretorianos de chambergo alto, disse-lhe que era Evaristo Carriego, da rua Honduras. A cena se deu no mercado da praça Güemes; o rapaz ficou de plantão no local até a madrugada, cercado de *guapos*, íntimo — a genebra aproxima as pessoas — dos assassinos. Porque na época as eleições se resolviam a machadadas, e os extremos norte e sul da capital produziam, na razão direta de sua população *criolla* e de sua miséria, o "elemento eleitoral" que as distribuía. Esse "elemento" também atuava no campo: os caudilhos de bairro se deslocavam para os lugares onde o partido necessitava que estivessem, levando seus homens. Olho e aço — maços de cédulas *nacionais* e profundos revólveres — depositavam seus votos independentes. A aplicação da Lei Sáenz Peña, em 1912, desbaratou essas milícias. Não importa; a mencionada noite de vigília ocorreu ainda em 1897, e quem manda é Paredes. Paredes é o *criollo* magnífico, em plena posse de sua realidade: peito estufado de hombridade, presença autoritária, insolente melena negra, bigode lambido, a voz grave de praxe, que deliberadamente se afina e se arrasta na provocação, passo sentencioso, manejo da possível anedota heroica, do insulto, do baralho habilidoso, da faca e do violão, segurança infinita. Além disso é homem a cavalo, criado no Palermo que antecedeu o das carretas, no Palermo da distância e das chácaras. É o homem varonil dos churrascos homéricos e dos incansáveis desafios poéticos em contraponto. Em contraponto, eu disse; trinta anos depois dessa momentosa noite haveria de dedicar-me certas décimas, das quais não esquecerei este acerto inesperado, esta decisão de amizade: "*A usté, compañero Borges, lo saludo enteramente*".* É um transgressor das leis, mas o malevo que fez menção de furtar-se a sua autoridade foi dominado, não pelo *fierro* [faca] igual ao seu, mas pelo rebenque do comando ou pela mão espalmada, para manter a disciplina. Os amigos, assim como os mortos e as cidades, estão presentes em cada homem, e há um verso de "El alma del suburbio", "*pues ya una vez lo hizo ca… er de*

* Ao senhor, companheiro Borges, saúdo integralmente.

un hachazo",* no qual parece retumbar a voz de Paredes, esse trovão cansado e enfadado das imprecações *criollas*. Graças a Nicolás Paredes, Evaristo Carriego conheceu os valentões do bairro, exímios no uso da faca, a flor dos Deus te livre. Durante algum tempo, manteve com eles uma amizade desigual, uma amizade profissionalmente *criolla* com efusões de armazém e juramentos *gauchos* de lealdade, do tipo "*vos me conocés che hermano*"** e outras baboseiras do gênero. Restaram desse convívio algumas décimas em lunfardo que Carriego não quis assinar e que reuni em duas séries: uma agradecendo a Félix Lima a remessa de seu livro de crônicas *Con los nueve* [Com os nove], e outra, cujo nome parece uma gozação de *Dies irae*, chamada *Día de bronca* [Dia de fúria] e publicada com o pseudônimo de El Barretero na revista policial *L. C.* No suplemento deste segundo capítulo transcrevo algumas delas.

Dele, não se conheceram aventuras amorosas. Seus irmãos guardam a lembrança de uma mulher de luto que ele costumava esperar na calçada e que mandava chamá-lo por intermédio de algum moleque. Provocavam-no, mas nunca conseguiram arrancar o nome dela.

Chego finalmente à questão de sua doença, que considero importantíssima. Todos acreditam que sofria de tuberculose: opinião desmentida por sua família, talvez influenciada por duas superstições, a de que esse mal é desabonador e a de que é hereditário. Com exceção dos parentes, todos garantem que morreu tísico. Três conside-

* pois uma vez já o derrubou com uma machadada
** *che*, irmão, você me conhece

rações reforçam essa opinião generalizada entre os amigos: a inspirada mobilidade e a vitalidade da conversa de Carriego, possível efeito de um estado febril; a imagem, obsessivamente presente em seus escritos, da cuspida vermelha; a busca desesperada por reconhecimento. Sabia que a morte o esperava e que sua única imortalidade possível era a das palavras que escrevera; por isso a busca impaciente da glória. Impunha seus versos nos cafés, desviava a conversa para temas próximos dos que abordava nos versos, denegria com elogios indiferentes ou recriminações absolutas os colegas cujo apoio era duvidoso; dizia, com ar falsamente displicente, "meu talento". Além disso, preparara ou modificara para uso próprio um sofisma que vaticinava que a totalidade da poesia contemporânea desapareceria, vítima da retórica, exceto a dele, que talvez subsistisse como documento — como se o apego à retórica não caracterizasse todo um século. "E tinha razão de sobra", escreve Del Mazo, "ao reivindicar pessoalmente a atenção de todos para sua obra. Compreendia que raríssimos escritores idosos recebem ainda em vida a lentíssima consagração e, sabendo que não produziria uma montanha de livros, abria o espírito dos que o cercavam para a beleza e a gravidade de seus versos." Esse procedimento não era sinal de vaidade, mas o aspecto mecânico da glória, uma obrigação, assim como a de corrigir as provas. A urgência provinha da premonição de sua morte já em curso. Carriego invejava o futuro tempo generoso dos demais, o afeto dos ausentes. Em decorrência dessa abstrata conversa com as almas, perdeu o rumo do amor e da amizade desinteressada e limitou-se a fazer propaganda de si mesmo, a ser seu próprio apóstolo.

Posso intercalar uma história. Uma mulher ensanguentada, italiana, fugindo das pancadas do marido, irrompeu certa tarde no pátio dos Carriego. Este, indignado, saiu para a calçada e fez a dura recriminação que era preciso fazer. O marido (dono de um bar perto dali) ouviu-a sem reagir, mas guardou ressentimento. Carriego, sabendo que a fama é um artigo de primeira necessidade mesmo quando obtida à custa de razões constrangedoras, publicou na *Última Hora* um panfleto de eloquente reprovação sobre a brutalidade daquele gringo. O resultado foi imediato: o homem, ao ver exposta publicamente sua condição de bruto, deixou o mau humor de lado em meio às brincadeiras bajuladoras dos vizinhos; a espancada passou alguns dias sorridente; a rua Honduras sentiu-se mais real ao ver-se em letra de fôrma. Uma pessoa capaz de perceber nos outros esse apetite clandestino pela fama só podia desejá-la também.

A permanência na memória dos demais o tiranizava. Quando algum crítico peremptório decretou que Almafuerte, Lugones e Enrique Banchs formavam o triunvirato — ou seria o tricórnio, ou o trimestre? — da poesia argentina, Carriego, nos cafés, propôs a deposição de Lugones para não ser obrigado a perturbar com sua própria inclusão esse arranjo ternário.

As variações escasseavam: seus dias formavam um único dia. Viveu até morrer no número 84 da rua Honduras — hoje 3784. Aos domingos, de volta do Hipódromo, era presença obrigatória em nossa casa. Repensando as atividades costumeiras de seu viver — os insossos despertares domésticos, o gosto pelas travessuras com os garotos, o copo grande de *guindado* uruguaio ou de aguardente de laranja no armazém ali perto, na esquina da Charcas com a Malabia, os carteados no bar da esquina da Venezuela com a Peru, as amizades polemizantes, as refeições portenhas de comida italiana na Cortada, a evocação de versos de Gutiérrez Nájera e de Almafuerte, o suporte viril à casa de alpendre cor-de-rosa como uma menina, o cortar um galhinho de madressilva ao caminhar ao longo de um muro, o hábito da noite, o amor pela noite —, vejo em todas elas, em sua própria trivialidade, um sentido de inclusão e de grupo. São atos de vida em comum, mas o sentido fundamental da palavra "comum" é o de "compartilhado entre todos". Sei que essas atividades frequentes de Carriego que mencionei o aproximam de nós. Elas o repetem infinitamente em nós, como se Carriego perdurasse, disperso em nossos destinos, como se cada um de nós por alguns segundos fosse Carriego. Creio que isso ocorre literalmente, e que essas identidades (e não repetições!) passageiras que eliminam o suposto curso do tempo são a prova da eternidade.

Inferir de um livro as inclinações de seu autor parece uma operação muito fácil, ainda mais se esquecermos que esse autor nem sempre redige o que prefere, mas o que dá menos trabalho e o que imagina esperarem dele. Essas imprecisas imagens suficientes de campo a cavalo, que são o pano de fundo de toda consciência argentina, não poderiam estar ausentes em Carriego. É nelas que ele teria querido viver. Outras, incidentais (de coincidência domiciliar primeiro, de experiência aventuresca em seguida, de carinho no final), eram, contudo, as que defenderiam sua memória: o pátio que é ocasião de serenidade, rosa para os dias, a humilde fogueira de são-joão, contorcendo-se como um cão no meio da rua, a estaca da carvoaria, seu bloco de apertada treva, suas muitas achas de lenha, o anteparo de ferro do cortiço, os homens da esquina rosada. Essas imagens o confessam e citam. Espero que Carriego tenha pensado assim, alegre e resignadamente, numa de suas derradeiras noites boêmias; imagino que o homem seja poroso para a morte e que sua iminência costume impregná-lo de tédios e de luz, de vigilâncias milagrosas e de pressentimentos.

III
as *misas herejes*

Antes de discorrer sobre esse livro, convém repetir que todo escritor parte de um conceito ingenuamente físico do que seja arte. Um livro, para ele, não é uma expressão ou uma concatenação de expressões, mas literalmente um *volume*, um prisma de seis faces retangulares composto de finas lâminas de papel que devem apresentar um frontispício, um falso frontispício, uma epígrafe em itálico, um prefácio em letra cursiva em corpo maior, nove ou dez partes com uma capitular no início, um sumário, um *ex libris* com uma pequena ampulheta e dizeres em resoluto latim, uma errata concisa, algumas páginas em branco, um colofão com dados sobre a gráfica, e a data e o local onde o livro foi impresso: elementos que sabidamente constituem a arte de escrever. Alguns estilistas (geralmente os do inimitável passado) oferecem também um prólogo do editor, uma foto duvidosa, uma assinatura do autor, as variantes do texto, um fornido aparato crítico, algumas sugestões de leitura elaboradas pelo editor, referências bibliográficas, e uma ou outra lacuna, mas isso, entenda-se, não é tarefa para qualquer um… Essa confusão entre tipo de papel e estilo, entre Shakespeare e Jacobo Peuser, é indolentemente comum, e se mantém (um pouquinho melhorada) entre os retóricos, para cujas informais almas acústicas um poema é um mostruário de ritmos, rimas, elisões, ditongações e demais fauna fonética. Escrevo essas misérias características de todo primeiro livro para destacar as virtudes incomuns desse que considero aqui.

Seria risível negar, porém, que as *Misas herejes* é um livro de aprendizado. Não pretendo, com isso, definir a inépcia, mas sim estes dois costumes: deleitar-se quase fisicamente com determinadas palavras — em geral cintilantes e impregnadas de autoridade — e a simples e ambiciosa intenção de definir pela enésima vez os fatos eternos. Não há versificador incipiente que não cometa uma definição da noite, da tempestade, do apetite carnal, da lua: fatos que não requerem definição porque já contam com um nome, ou seja, com uma representação partilhada. Carriego incorre nessas duas práticas.

Tampouco há como negar a acusação de que se trata de um livro confuso. É tão evidente a distância entre o intransponível palavrório de composições — descomposições, deveríamos dizer — como "Las últimas etapas" e a exatidão de suas boas páginas ulteriores em *La canción del barrio*, que não devemos tentar sublinhá-las nem omiti-las. Vincular essas insignificâncias ao simbolismo é ignorar deliberadamente as intenções de Laforgue ou Mallarmé. Não é necessário ir tão longe: o verdadeiro e famoso pai desse relaxamento foi Rubén Darío, homem que, com o pretexto de importar do francês algumas soluções métricas, serviu-se sem hesitar do *Petit Larousse* para mobiliar seus versos, com uma ausência tão infinita de escrúpulos que "panteísmo" e "cristianismo" eram, para ele, sinônimos, e que ao representar "tédio" escrevia "nirvana".[14] O divertido é que o formulador da etiologia simbolista, José Gabriel, não se conforma em não encontrar símbolos nas *Misas herejes* e oferece aos leitores da página 36 de seu livro esta solução, que eu diria insolúvel, do soneto "El clavel" [O cravo]:

> (Carriego) dirá que tentou beijar uma mulher e que ela, intransigente, interpôs a mão entre as duas bocas (fato de que só nos inteiramos depois de esforços muito ingentes); mas não, seria medíocre, não seria poético dizê-lo com essas palavras, e então ele chama os lábios da mulher de *clavel y rojo heraldo de amatorios credos* [cravo e rubro arauto de amatórios credos], e o ato de recusa da mulher de *ejecución del clavel* [execução do cravo] pela guilhotina de seus nobres dedos.

Depois do esclarecimento, vejamos o interpretado soneto:

> *Fue al surgir de una duda insinuativa*
> *cuando hirió tu severa aristocracia,*
> *como un símbolo rojo de mi audacia,*
> *un clavel que tu mano no cultiva.*

[14] Mantenho essas impertinências para castigar-me por havê-las escrito. Naquele tempo eu achava que os poemas de Lugones eram superiores aos de Darío. É verdade que também achava que os de Quevedo eram superiores aos de Góngora. (Nota de 1954.)

Hubo quizá una frase sugestiva
o advirtió una intención tu perspicacia,
pues tu serenidad llena de gracia
fingió una rebelión despreciativa.

Y así, en tu vanidad, por la impaciente
condena de tu orgullo intransigente,
mi rojo heraldo de amatorios credos

mereció por su símbolo atrevido,
como un apóstol o como un bandido,
*la guillotina de tus nobles dedos.**

O cravo, sem nenhuma dúvida, é um cravo de verdade, uma singela flor popular desdenhada pela mocinha, e o simbolismo (o mero gongorismo) é o do explicativo espanhol, que o traduz com o sentido de "lábios".

É indiscutível que parte significativa das *Misas herejes* pareceu seriamente incômoda para os críticos. Como justificar essas incontinências inócuas no poeta típico do subúrbio? Creio ter uma resposta para essa escandalizada interrogação: esses versos iniciais de Evaristo Carriego também pertencem ao subúrbio, não no que diz respeito

* Foi ao surgir a dúvida insinuante/ quando abalou tua grave majestade,/ símbolo rubro de minha ousadia,/ um cravo que tua mão não acolheu.// Talvez depois de frase sugestiva/ ou vendo uma intenção tua perspicácia,/ pois tua serenidade tão graciosa/ fingiu a rebeldia de um desprezo.// E assim, em tua vaidade, na impaciente/ condenação de um orgulho irredutível,/ meu rubro arauto de amatórios credos// mereceu, por seu símbolo atrevido,/ como um apóstolo ou como um bandido/ a guilhotina de teus nobres dedos.

ao sentido temático superficial de referir-se a ele, mas no substancial, de que é assim que os arrabaldes fazem versos. Os pobres apreciam essa pobre retórica, afeição que não costumam estender a suas descrições realistas. O paradoxo é tão admirável quanto inconsciente: põe-se em dúvida a autenticidade popular de um escritor com base nas únicas páginas desse escritor das quais o povo realmente gosta. Esse gostar ocorre por afinidade: o palavreado, o desfile de termos abstratos, o sentimentalismo, são os estigmas dos versos da periferia, desinteressados de todo acento local exceto do gauchesco, e típicos de Joaquín Castellanos e Almafuerte, não das letras de tango. Assessoram-me aqui lembranças de armazéns e de praças com coretos; a periferia se abastece do que lhe é próprio na rua Corrientes, mas a abstração altissonante faz parte dela e é o material com que trabalham os *payadores*.* Repetindo, e em poucas palavras: essa parte significativa e pecadora das *Misas herejes* não fala de Palermo, mas Palermo poderia tê-la inventado. Prova disso é este ruído:

Y en el salmo coral, que sinfoniza
un salvaje ciclón sobre la pauta,
venga el robusto canto que presagie,
con la alegre fiereza de una diana
que recorriese como un verso altivo
el soberbio delirio de la gama,
el futuro cercano de los triunfos
futuro precursor de las revanchas;

* Poeta e cantor popular que canta improvisando versos, geralmente em desafio com outro e acompanhando-se ao violão.

el instante supremo en que se agita
*la misión terrenal de las canallas...**

Ou seja: uma tempestade sob a forma de salmo que deve conter um canto que deve evocar uma diana que deve evocar um verso, e a previsão de um futuro recém-precursor encomendada ao canto que deve evocar uma diana que evoca um verso. Seria uma declaração de rancor prolongar a citação: que seja suficiente eu jurar que essa rapsódia de *payador* embriagado pelo hendecassílabo tem mais de duzentos versos e que nenhuma de suas estrofes pode lamentar uma carência de tempestades, de bandeiras, de condores, de ataduras ensanguentadas e de martelos. Que estas décimas eliminem sua má lembrança, de paixão suficientemente circunstancial para que as julguemos biográficas, e que combinam tão bem com o violão:

Que este verso, que has pedido,
vaya hacia ti, como enviado
de algún recuerdo volcado
en una tierra de olvido...
para insinuarte al oído
su agonía más secreta,
cuando en tus noches, inquieta,
por las memorias, tal vez,

* E no salmo coral, que harmoniza/ um selvagem ciclone sobre a pauta,/ venha o robusto canto que anuncie,/ com a alegre braveza de uma diana/ que percorresse como um verso altivo/ o soberbo delírio de uma escala,/ o futuro que chega, das vitórias/ futuro prenunciador das desforras;/ o instante supremo em que se agita/ a missão terrenal dessa canalha...

leas, siquiera una vez,
las estrofas del poeta.

¿Yo...? Vivo con la pasión
de aquel ensueño remoto,
que he guardado como un voto,
ya viejo, del corazón.
Y sé en mi amarga obsesión
que mi cabeza cansada
caerá, recién, libertada
de la prisión de ese ensueño
¡cuando duerma el postrer sueño
*sobre la postrer almohada!**

Passo a examinar as composições realistas que integram *El alma del suburbio*, onde finalmente podemos ouvir a voz de Carriego, tão ausente das partes menos favorecidas. Tratarei de examiná-las pela ordem, omitindo intencionalmente duas delas: "De la aldea" (de intenção andaluza e de uma trivialidade categórica) e "El guapo" [O valentão], que reservo para uma consideração final mais extensa.

A primeira, "El alma del suburbio", descreve um en-

* Que este verso, que pediste,/ chegue a ti, como enviado/ de uma lembrança largada/ num país de esquecimento.../ e sussurre em teu ouvido/ a agonia mais secreta,/ quando uma noite, saudosa,/ dessas memórias, talvez,/ leias, quem sabe, uma vez,/ as estrofes do poeta.// Eu...? Vivo só com a paixão/ daquele sonho remoto,/ que conservei como um voto,/ já velho, do coração./ Sei, nessa amarga obsessão/ que esta cabeça cansada/ só cairá, libertada/ da prisão que é esse sonho/ ao dormir o último sono/ no último travesseiro!

tardecer na esquina. A rua popular transformada em pátio comum, segundo sua descrição, a consoladora propriedade do básico que resta para os pobres: a magia serviçal das cartas, o contato com as pessoas, o realejo com sua habanera e seu gringo, o pausado frescor da oração, o polemista eterno sem rumo, os temas da carne e da morte. Evaristo Carriego não se esqueceu do tango, que se dançava com requebro endiabrado e desordem pelas calçadas, como se tivesse acabado de sair das casas da rua Junín, e que era um prazer reservado para os homens, tal como o carteado.[15]

En la calle, la buena gente derrocha
sus guarangos decires más lisonjeros,
porque al compás de un tango, que es "La morocha",
*lucen ágiles cortes dos orilleros.**

Segue-se uma página de misterioso sucesso, "La viejecita" [A velhinha], elogiada quando de sua publicação

[15] A épica circunstanciada do tango já foi escrita: seu autor é Vicente Rossi; o título nas livrarias é *Cosas de negros* [Assuntos de negros] (1926), obra clássica em nossas letras e que se impõe pela mera intensidade de seu estilo. Para Rossi, o tango é afro-montevideano, do Bajo mas com raízes negras. Para Laurentino Mejías (*La policía por dentro*, II, Barcelona, 1913) é afro-portenho, inaugurado nos impertinentes terreiros de candomblé de La Concepción e de Monserrat, e depois encampado pelos malevos nos prostíbulos: no da rua Lorea, no da Boca del Riachuelo e no da Solís. Também era dançado nas casas de má fama da rua del Temple, depois que o realejo de contrabando foi sufocado pelo colchão fornecido por uma das camas venais, ocultas as armas dos frequentadores nos esgotos próximos, para a eventualidade de uma batida policial.

* A boa gente que anda na rua não poupa/ suas palavras chulas mais lisonjeiras,/ porque ao compasso de um tango, que é o "La morocha",/ seus cortes destros luzem/ dois *orilleros.*

porque a delicada parcela de realidade que contém, hoje imperceptível, era infinitesimalmente mais forte que a das rapsódias coetâneas. A crítica, com a mesma facilidade com que distribui elogios, corre o risco de profetizar. Os louvores dedicados a "La viejecita" são os mesmos de que mais adiante "El guapo" se faria merecedor; os que em 1862 receberam *Los mellizos de la Flor* [Os gêmeos da Flor], de Ascasubi, são uma profecia escrupulosa de *Martín Fierro.*

"Detrás del mostrador" [Atrás do balcão] apresenta o contraste entre a buliçosa vida desordeira dos bêbados e a mulher bela, rude e trancafiada,

> *detrás del mostrador como una estatua**

que impávida enlouquece o desejo dos homens

> *y pasa sin dolor, así, inconsciente,*
> *su vida material de carne esclava:***

a tragédia opaca de uma alma que não vê seu destino.

A página seguinte, "El amasijo" [A surra], é o inverso deliberado de "El guapo". O poema denuncia com ira santa nossa pior realidade: o valentão doméstico, a dupla calamidade da mulher insultada e espancada, e a do infame valentão que se *emperra* [teima] nessa pobre virilidade vaidosa da opressão:

* atrás do balcão, como uma estátua
** e passa sem dor, assim, inconsciente,/ sua vida material de carne escrava:

Dejó de castigarla, por fin cansado
de repetir el diario brutal ultraje
que habrá de contar luego, felicitado,
*en la rueda insolente del compadraje...**

Em seguida vem "En el barrio" [No bairro], cujo belo tema é a companhia eterna e a eterna letra do violão, que no caso não exprimem uma convenção, como é costume, mas indicam literalmente um amor concreto. O episódio dessa reanimação de símbolos tem uma iluminação suave, porém é forte. Do primitivo pátio de terra, ou pátio vermelho, clama com ira apaixonada a urgente milonga

que escucha insensible la despreciativa
moza, que no quiere salir de la pieza.

Sobre el rostro adusto tiene el guitarrero
viejas cicatrices de cárdeno brillo,
en el pecho un hosco rencor pendenciero
y en los negros ojos la luz del cuchillo.

Y no es para el otro *su constante enojo.*
A ese desgraciado que a golpes maneja
le hace el mismo caso, por bruto y por flojo,
que al pucho que olvida detrás de la oreja.

Pues tiene unas ganas su altivez airada
de concluir con todas las habladurías.

* Interrompeu a surra, enfim cansado/ de repetir o diário e bruto ultraje/ que em breve contaria, elogiado,/ no círculo insolente dos compadres...

¡Tan capaz se siente de hacer una hombrada
*de la que hable el barrio tres o cuatro días...!**

A penúltima estrofe é de ordem dramática; parece estar sendo pronunciada pelo homem das cicatrizes em pessoa. O último verso também tem subentendidos — a apressada atenção de uns poucos dias que o bairro, mal-afamado na época, dedicava a uma morte, o quanto é passageira a glória de acabar com uma vida.

Depois vem "Residuo de fábrica", que é a piedosa manifestação de um sofrimento, no qual o que mais importa, talvez, é a versão instintiva da doença vista como imperfeição, como culpa.

Ha tosido de nuevo. El hermanito
que a veces en la pieza se distrae
jugando sin hablarle, se ha quedado
de pronto serio, como si pensase.

Después se ha levantado y bruscamente
se ha ido, murmurando al alejarse,
con algo de pesar y mucho de asco:
*— que la puerca otra vez escupe sangre.***

* que ouve insensível aquela desdenhosa/ donzela, que não quer sair do quarto.// Sobre o rosto grave exibe o violonista/ antigas cicatrizes de violáceo brilho,/ no peito um fosco rancor arruaceiro/ e nos negros olhos o fulgor *da faca.// E não é para o outro seu rancor constante./ Porque esse desgraçado,* que trata a pancada,/ faz-lhe o mesmo efeito, esse bruto, esse frouxo,/ que faz a bituca esquecida atrás da orelha.// Pois o que deseja sua altivez airada/ é acabar de vez com tanto mexerico./ Sente-se inclinado a criar uma encrenca/ que o bairro comente por três, quatro dias...!

** Ele tossiu de novo. O irmãozinho/ que às vezes no seu quarto se distrai/

A meu ver a ênfase de emoção da penúltima estrofe recai sobre esta circunstância cruel: "sem falar com ele".

A seguir, "La queja" [A queixa], que é uma premonição entediante de não sei quantas entediantes letras de tango, uma biografia do esplendor, desgaste, declínio e invisibilidade final de uma mulher de todos. O tema tem origem horaciana — Lydia, a primeira dessa estéril dinastia infinita, enlouquece de ardente solidão, como enlouquecem as mães dos cavalos, *matres equorum*, e em seu quarto agora deserto *amat janua limen*, a porta entalou no batente — e desemboca em Contursi, passando por Evaristo Carriego, cujo *harlot's progress* sul-americano, rematado pela tuberculose, não tem maior significado na série.

Depois "La guitarra" [O violão], confusa sucessão de imagens tolas, indigna do autor de "En el barrio" e que parece desdenhar ou ignorar as situações de eficácia poética motivadas pelo instrumento: a música oferecida ao espaço público da rua, a melodia jubilosa que sentimos como sendo triste por alguma lembrança incidental que lhe atribuímos, as amizades que apadrinha e coroa. Vi dois homens ficarem amigos e suas almas se emparelharem enquanto ambos dedilhavam em seus violões um *gato** que parecia o alegre som daquela confluência.

---

brincando sem falar com ele, fica/ sério de golpe, como se pensasse.// A seguir levantou-se e bruscamente/ saiu, murmurando ao afastar-se/ com um certo pesar e muito asco:/ — esse porco outra vez cuspindo sangue.

* *Gato* (Argentina): dança de movimentos rápidos em que o par dança separado e independente e que também pode ser executada por dois pares relacionados. Costuma ser acompanhado por coplas, cuja letra coincide com as diferentes figuras.

A última é "Los perros del barrio" [Os cães do bairro], que é uma surda reverberação de Almafuerte mas traduziu uma realidade, pois a população pobre dessas periferias sempre contou com um grande número de cães, seja porque montem guarda, seja para vê-los viver, diversão que nunca cansa, seja por incúria. Carriego alegoriza inadequadamente essa cachorrada mendiga e sem lei, mas transmite sua cálida vida amontoada, seus apetites em bando. Quero repetir este verso:

*cuando beben agua de luna en los charcos**

e também este outro:

*aullando exorcismos contra la perrera***

que evoca uma de minhas recordações bem marcadas: a visita disparatada àquele inferninho, vaticinado por latidos de desespero e precedido — de perto — por uma nuvem de pó de meninos pobres que espantavam a gritos e pedradas outra nuvem de pó de cães, para protegê-los da captura.

Falta ainda examinar "El guapo", poema de exaltação precedido por uma famosa dedicatória ao também *guapo* eleitoral *alsinista São* Juan Moreira. Trata-se de uma calorosa apresentação,[16] cujo mérito está também nas ênfases acessórias: no

* quando bebem água de lua nas poças

** uivando exorcismos contra a carrocinha

16 Pena, nos versos finais a menção arbitrária ao mosqueteiro.

*conquistó a la larga renombre de osado**

que alude às muitas candidaturas associadas a esse renome, e nesta quase mágica indicação de força erótica:

*caprichos de hembra que tuvo la daga.***

Em "El guapo", as omissões também são significativas. O *guapo* não era assaltante nem bandido, nem necessariamente uma pessoa maçante; ele era a definição de Carriego: um *cultor da coragem*. Um estoico, no melhor dos casos; no pior, um profissional da encrenca, um especialista em intimidação progressiva, um veterano na arte de vencer sem lutar: menos indigno — sempre — que sua atual desfiguração itálica de *cultor da infâmia*, de projeto de malevo torturado pela vergonha de não ser proxeneta. Viciado no álcool do perigo ou calculista habituado a se impor graças a sua mera presença: um *guapo* era isso, sem que esta última característica significasse covardia. (Se uma comunidade decide que a coragem é a virtude primeira, a simulação da coragem será tão difundida quanto a da beleza entre as jovens ou a do pensamento inventivo entre os que publicam; mas mesmo essa coragem aparente será um aprendizado.)

Penso no *guapo* de antigamente, personagem de Buenos Aires que me interessa devido a uma atração mais justificada do que esse outro mito popular de Carriego

* conquistou com o tempo renome de ousado

** caprichos de mulher que teve a adaga.

(Gabriel, 57), *La costurerita que dio aquel mal paso** e seu contratempo orgânico-sentimental. A profissão: carroceiro, domador de cavalos ou magarefe; sua escola: qualquer esquina da cidade, principalmente estas: ao sul, o Alto — o circuito das ruas Chile, Garay, Balcarce e Chacabuco; ao norte, a Terra do Fogo — o circuito das ruas Las Heras, Arenales, Pueyrredón e Coronel; outras: Once de Setiembre, La Batería, os Corrales Viejos.[17] Nem sempre era um rebelde: o comitê alugava sua figura temível e seu manejo da arma e lhe garantia sua proteção. Em de-

* A costureirinha que deu aquele mau passo

17 Os nomes deles? Entrego à lenda esta lista, que devo à ativa amabilidade de dom José Olave. Diz respeito às duas últimas décadas do século XIX. Sempre despertará uma imagem suficiente, embora desfocada, de *chinos* brigões, duros e ascéticos no subúrbio empoeirado, tal como as tunas.

PARÓQUIA DEL SOCORRO

Avelino Galeano (do Regimento Guardia Provincial). Alejo Albornoz (morto numa briga com o que vem em seguida, na rua Santa Fe). Pío Castro.

Malandros diversos, *guapos* ocasionais: Tomás Medrano. Manuel Flores.

PARÓQUIA DEL PILAR, A VELHA

Juan Muraña, Romualdo Suárez, conhecido como El Chileno. Tomás Real. Florentino Rodríguez. Juan Tink (filho de ingleses, que acabou inspetor de polícia em Avellaneda). Raimundo Renovales (magarefe).

Malandros diversos, *guapos* ocasionais: Juan Ríos. Damasio Suárez, conhecido como Carnaza.

PARÓQUIA DE BELGRANO

Atanasio Peralta (morto em luta contra muitos). Juan González. Eulogio Muraña, conhecido como Cuervito.

Malandros: José Díaz. Justo González.

Nunca lutavam em bando: sempre sozinhos, usando arma branca.

O desprezo britânico pela faca tornou-se tão generalizado que estou autorizado a evocar o conceito vernáculo: para o *criollo*, a única briga séria, de homens, era a que incluísse risco de morte. O soco era um mero prólogo ao aço, uma provocação.

corrência, a polícia o tratava com consideração: se houvesse uma desordem, o *guapo* não se deixava envolver, mas dava — e cumpria — sua palavra de intervir mais tarde. As influências tutelares do comitê neutralizavam toda possibilidade de perigo envolvida nesse rito. Temido como era, não pensava em renegar sua condição; um cavalo com arreios de vistosa prata, alguns pesos para as apostas nas rinhas de galo ou no carteado bastavam para iluminar seus domingos. Podia não ser forte: um dos *guapos* da Primera, o "Petiso" Flores, era um indiozinho peçonhento, uma miséria, mas uma luz quando brandia a faca. Podia não ser um provocador: o *guapo* Juan Muraña, famoso, era uma obediente máquina de briga, um homem sem outros traços diferenciais além da segurança letal de seu braço e uma perfeita incapacidade de sentir medo. Não sabia quando agir, e pedia com os olhos — alma servil — a vênia de seu patrão de turno. Uma vez iniciada a briga, só investia para matar. Não queria *criar corvos*. Falava, sem receio e sem preferências, das mortes que havia infligido — ou melhor: das mortes que o destino havia ocasionado por seu intermédio, pois há fatos de uma responsabilidade tão infinita (o de gerar um homem ou o de matá-lo) que o remorso ou a vanglória relativamente a eles é uma insensatez. Morreu cheio de dias, com sua constelação de mortes na lembrança, já incerta sem dúvida.

IV
la canción del barrio

Mil novecentos e doze. Para os lados dos muitos depósitos de material da rua Cerviño ou dos canaviais e descampados do Maldonado — zona abandonada onde havia galpões de zinco, também chamados de *salones* [salões], onde o tango imperava a dez centavos a unidade, companheira incluída — a malandragem da periferia ainda se estranhava e um ou outro rosto masculino ganhava notoriedade, ou um *compadrito* morto amanhecia desdenhoso com uma punhalada humana no ventre. Mas, de um modo geral, Palermo se comportava como Deus manda, e era um lugar até que bem decente, infeliz, tal como todas as outras comunidades gringo-*criollas*. O júbilo astrológico do Centenário estava tão morto e enterrado quanto suas léguas e mais léguas de tecido azul para bandeiras, quanto seus tonéis de vinho para os brindes, seus foguetes estapafúrdios, suas luminárias municipais no enferrujado céu da praça de Maio e sua luminária predestinada, o cometa Halley, anjo de ar e fogo a quem os realejos dedicaram o tango "Independencia". A ginástica já começava a interessar mais do que a morte: os meninos deixavam de lado os duelos a faca para assistir ao *football*, rebatizado pela inércia doméstica com o nome de *foba*. Palermo avançava depressa para a tolice: a sinistra edificação art nouveau brotava, como uma flor inchada, até nos lamaçais. Mesmo os ruídos eram outros: agora a campainha do cinema — já com seu bom anverso americano de coragem a cavalo e seu reverso erótico-sentimental europeu — se misturava ao cansado alvoroço das carroças e ao assobio do amolador. Com exceção de algumas vielas, todas as ruas estavam pavimentadas. A densidade da população havia dobrado: o censo, que em 1904 registrara um total de 80 mil almas para as circunscrições de Las Heras e de Palermo de San Benito, registraria em 1914 outro de 180 mil. O bonde mecânico guinchava pelas tediosas esquinas. Cattaneo, na imaginação popular, desbancara Moreira... Esse Palermo quase invisível, mateador e progressista, é o de *La canción del barrio*.

Carriego, que em 1908 publicara *El alma del suburbio*, em 1912 deixou o material que compõe *La canción del barrio*. Este segundo título é melhor do que o primeiro no que diz respeito a precisão e veracidade. *Canción* tem uma intenção mais lúcida do que *alma*; *suburbio* é um título receoso, um sobressalto de homem que tem medo de perder o último trem. Ninguém diz "Moro no subúrbio tal"; todos preferem indicar o bairro em que moram. Essa alusão, "bairro", não é menos íntima, prestimosa e agregadora na paróquia de La Piedad do que em Saavedra. A distinção é pertinente: o uso de palavras que indicam distância para elucidar as coisas desta república deriva de uma propensão a reconhecer-nos como barbárie. Querem recorrer ao pampa para explicar o paisano; aos ranchos de ferro-velho para explicar o *compadrito*. Exemplo: o jornalista (ou coisa que o valha) vasco J. M. Salaverría, em seu livro equivocado desde o título:

El poema de la pampa, Martín Fierro y el criollismo español. "Crioulismo espanhol" é um contrassenso deliberado, criado para provocar espanto (do ponto de vista da lógica, uma *contradictio in adjecto*); "poema do pampa" é outro absurdo menos intencional. O pampa, como informa Ascasubi, era, para os antigos camponeses, o deserto onde circulavam os índios.[18] Basta reler o *Martín Fierro* para entender que aquele poema não é sobre o pampa, mas sobre o homem exilado no pampa, o homem rechaçado pela civilização pastoril centrada nas estâncias, que funcionam como aldeias, e no *pago* sociável. Fierro, o homem corajoso que é Fierro, tem dificuldade para suportar a solidão, ou seja, o pampa.

> *Y en esa hora de la tarde*
> *En que tuito se adormece,*
> *Que el mundo dentrar parece*
> *A vivir en pura calma,*
> *Con las tristezas del alma*
> *Al pajonal enderiece.*
>
> *Es triste en medio del campo*
> *Pasarse noches enteras*
> *Contemplando en sus carreras*
> *Las estrellas que Dios cría,*
> *Sin tener más compañía*
> *Que su delito y las fieras.**

18 Hoje é um termo exclusivamente literário, que causa estranheza no campo.

* E nessa hora da tarde/ em que tudo se adormece/ e o mundo se põe, parece,/ a viver em pura calma,/ com as tristezas de sua alma/ ao matagal se dirige.// É bem triste em pleno campo/ quedar-se noites inteiras/ a

E estas estrofes perenes, que são o momento mais patético da história:

Cruz y Fierro de una estancia
Una tropilla se arriaron —
Por delante se la echaron
Como criollos entendidos,
Y pronto sin ser sentidos
Por la frontera cruzaron.

Y cuando la habían pasao
Una madrugada clara,
Le dijo Cruz que mirara
Las últimas poblaciones
Y a Fierro dos lagrimones
*Le rodaron por la cara.**

Outra obra de Salaverría — de cujo título prefiro não recordar-me, porque seus outros livros contam com minha admiração — fala (e quando não?) do "*payador* pampiano que, à sombra do umbuzeiro, na infinita calma do deserto, entoa, acompanhado do violão espanhol, as monótonas décimas de Martín Fierro"; mas esse escritor é tão monótono, décimo, infinito, espanhol, pau-

---

contemplar as carreiras/ das estrelas que Deus cria,/ sem ter outra companhia/ senão seu delito e feras.

* Cruz e Fierro de uma estância/ uma tropilha roubaram —/ e para diante a tocaram/ como *criollos* entendidos,/ e sem serem percebidos/ a fronteira atravessaram.// E depois de haver passado,/ numa madrugada clara,/ Cruz disse a ele que olhasse/ as últimas povoações,/ e pelo rosto de Fierro/ rolaram dois lagrimões.

sado, deserto e acompanhado que não se dá conta de que no *Martín Fierro* não há décimas. A predisposição para associar-nos à barbárie é generalizada: *Santos Vega* (a totalidade de sua lenda é de que haja uma lenda de Santos Vega, como as quatrocentas páginas de monografia de Lehmann-Nitsche podem comprovar) montou ou herdou a copla que diz: "*Si este novillo me mata/ No me entierren en sagrao;/ Entiérrenme en campo verde/ Donde me pise el ganao*",* e sua evidentíssima ideia ("*Si soy tan torpe, renuncio a que me lleven al cementerio*)** foi festejada como a declaração panteísta do homem que deseja ser pisoteado, depois de morto, pelas vacas.[19]

* Se esse novilho me mata/ Não me enterrem em solo santo;/ Enterrem-me em campo verde/ Pisoteado pelo gado.

** Se sou tão incompetente, renuncio a ser levado para o cemitério.

19 Transformar o paisano num nômade infinito do deserto é um contrassenso romântico; afirmar, como faz nosso melhor prosador de lutas, Vicente Rossi, que o *gaucho* é o "guerreiro nômade charrua", é simplesmente afirmar que esses desprendidos índios charruas foram chamados de *gauchos*: emprego primitivo de uma palavra, que esclarece muito pouco. Ricardo Güiraldes, para fornecer sua versão do homem do campo como homem errante, teve de recorrer à associação dos tropeiros. Groussac, em sua conferência de 1893, fala do *gaucho* em fuga "para o distante sul, para o que resta de pampa", mas o que todo mundo sabe é que no distante sul não restam *gauchos* porque antes não os havia, e que o lugar onde eles ainda estão é nas localidades próximas, de costumes *criollos*. Mais que em fatores étnicos (o *gaucho* pode ser branco, negro, índio, mulato ou zambo), mais que em fatores linguísticos (o *gaucho* rio-grandense fala uma variante brasileira do português) e mais que em fatores geográficos (vastas regiões de Buenos Aires, de Entre Ríos, de Córdoba e de Santa Fe agora são gringas), o traço diferencial do *gaucho* está no exercício cabal de uma modalidade primitiva de criação de gado.

Outro destino caluniado é o dos *compadritos*. Há bem mais de cem anos era assim que se designavam os portenhos pobres, que não tinham meios para viver nas imediações da Plaza Mayor, fato que também lhes valeu a

Os subúrbios também padecem de um rancor característico. O *arrabalero* [morador dos arrabaldes] e o tango são seus representantes. Num capítulo anterior escrevi como a periferia se abastece do que lhe é próprio na rua Corrientes e como as efusões da *El Canta Claro*, dos discos de vitrola e da rádio aclimatam essa algaravia inventada em Avellaneda ou em Coghlan. Sua pedagogia não é fácil: cada novo tango composto no suposto idioma popular é um enigma, sem que lhe faltem as perplexas variantes, os corolários, os trechos obscuros e a arrazoa-

---

designação de *orilleros* [da margem, da periferia]. Eram, literalmente, o povo: possuíam um terreninho de um quarto de quarteirão e casa própria, depois da rua Tucumán ou da rua Chile ou da que na época se chamava rua de Velarde: a Libertad-Salta. Mais adiante as conotações desbancaram a ideia principal: Ascasubi, na revisão de seu *Gallo* número 12, registrou: "*compadrito*: jovem solteiro, dançarino, apaixonado e cantor". O imperceptível Monner Sans, vice-rei clandestino, transformou-o no equivalente de "facínora, gabola e valentão", e perguntou: "Por que, aqui, *compadre* tem sempre um sentido negativo?", dúvida de que se viu livre em seguida, quando escreveu, com sua ortografia tão invejada, sadio gracejo etc.: "Vá saber!". Segovia o define com insultos: "Indivíduo insolente, falso, provocador e traidor". Não é para tanto. Outros confundem *guarango* [grosseiro, mal-educado] com *compadrito*: estão equivocados, o *compadre* pode não ser *guarango*, assim como o paisano também não costuma sê-lo. *Compadrito*, sempre, é o cidadão plebeu que quer parecer elegante; outras atribuições são a coragem que alardeia, a invenção ou a prática do gracejo, o uso atabalhoado de palavras grandiosas. Quanto à indumentária, vestia o que era usual em seu tempo, com o acréscimo ou o destaque de alguns detalhes: em 1890 mais ou menos, seu traje costumeiro era o chambergo preto requintado de copa altíssima, o paletó cruzado, calças francesas com trancelim, levemente sanfonadas na barra, botinas pretas abotoadas ou/e de elástico, com salto alto; hoje em dia (1929) prefere o chambergo cinza na nuca, lenço farto, camisa rosa ou grená, paletó aberto, dedos carregados de anéis, calça reta, botinas pretas, lustrosas como espelhos, polainas claras. O que o *cockney* é para Londres, o *compadrito* é para as nossas cidades.

da discórdia dos críticos. A obscuridade tem sua lógica: o povo não tem necessidade de impregnar-se de cor local; o simulador, porém, acredita que sim, só que erra a mão na operação. No que se refere à música, o tango tampouco é o som natural dos bairros; foi-o unicamente dos bordéis. O que é realmente representativo é a milonga. Sua versão corrente é uma saudação infinita, uma cerimoniosa gestação de rípios lisonjeiros corroborados pelo pulso grave do violão. Às vezes ela narra em ritmo pausado questões de sangue, duelos de há muito tempo, mortes decorrentes de audaz provocação verbalizada; outras, toma o partido de simular o tema do destino. Melodias e argumentos costumam variar; o que não varia é a entonação do cantor, quase em falsete, arrastada, com corridinhas de impaciência, nunca gritada, entre a conversa e o canto. O tango está no tempo, nas decepções e contrariedades do tempo; já o aparente ramerrão da milonga é o da eternidade. A milonga é uma das grandes conversas de Buenos Aires; o truco é a outra. Examinarei o truco em capítulo à parte; por enquanto, é suficiente anotar que, entre os pobres, "o homem alegra o homem", como o filho mais velho de Martín Fierro entendeu na prisão.[20] O aniversário, o dia dos finados, o dia do santo, o dia da pátria, o batismo, a noite de são-joão, uma doença, a passagem do ano, tudo se transforma em ocasião de encontrar pessoas. A morte fornece o velório: conversatório geral que nunca fechou a porta para ninguém, visita a uma pessoa que morreu.

20 E, antes do filho de Martín Fierro, o deus Odin. Um dos livros sapienciais da *Edda maior* (*Hávamal*, 47) atribui a ele a sentença "*Mathr er mannz gaman*", ou "O homem é a alegria do homem", em tradução livre.

Essa sociabilidade patética da gente humilde é de tal forma evidente que o doutor Evaristo Federico Carriego, para zombar dos *recibos* [recepções] que estavam ficando na moda, escreveu que eram extremamente semelhantes aos velórios. O subúrbio é a água estagnada e os becos, mas é também a balaustrada azul-celeste e a madressilva pendente dos muros e a gaiola do canário.[21] "Uma gente atenciosa", costumam dizer as comadres.

Pobreza conversadora, a do nosso Carriego. A pobreza de que ele fala não é a pobreza desesperada ou congênita do pobre europeu (pelo menos do europeu tal como o entende o naturalismo russo), mas a que confia na loteria, na agremiação de bairro, nas influências, no baralho que pode ter seu mistério, no sorteio de probabilidade improvável, nas recomendações ou, na falta de outra razão mais circunstancial e concreta, na esperança pura e simples. Uma pobreza que se consola com a existência de figuras importantes — os Requena de Balvanera, os Luna de San Cristóbal Norte —, figuras que acabam sendo simpáticas por seu próprio apelo ao mistério, e que certo digníssimo *compadrito* de José Álvarez encarna tão bem:

21 As belezas involuntárias de Buenos Aires, que são também as únicas, estão na periferia: a etérea rua navegadora Blanco Encalada, as desgarradas esquinas de Villa Crespo, de San Cristóbal Sur, de Barracas, a majestade miserável das redondezas da estação de cargas de La Paternal e da ponte Alsina. Em minha opinião, mais expressivas do que as obras feitas na busca deliberada da beleza: a Costanera, o Balneario e o Rosedal, e a celebrada estátua de Pellegrini, com sua bandeira drapejante e seu tempestuoso pedestal incoerente que parece reutilizar os escombros da demolição de algum banheiro, e as reticentes gavetinhas de Virasoro, que, para não revelar o íntimo mau gosto, se esconde na despojada abstenção.

> Eu nasci na rua Maipú, sabe?... na casa dos García, e me acostumei a andar com gente, e não com lixo... Bom!... E, se não sabia, fique sabendo... fui batizado na igreja da Mercê, e meu padrinho foi um italiano dono de um armazém ao lado da minha casa e que morreu da febre grande... Acabou com ele!

A meu ver, o defeito de base de *La canción del barrio* é a insistência naquilo que Shaw definiu como: "mera mortalidade ou infortúnio" (*Man and Superman, XXXII*). Suas páginas falam de desgraças; limitam-se a apresentar a gravidade do destino bruto, não menos incompreensível para seu escritor do que para seu leitor. O mal não as assombra, elas não nos conduzem ao tipo de reflexão sobre sua origem que os gnósticos resolveram sem maiores dificuldades com o postulado de que haveria uma divindade decadente ou gasta, levada a improvisar este mundo com material inadequado. É a reação de Blake. "Deus, que criou o cordeiro, também te criou?", pergunta ele ao tigre. Tampouco irei tratar nestas páginas do homem que sobrevive ao mal, o cavalheiro que, apesar de sofrer danos — e de causá-los —, conserva a alma limpa. É a reação estoica de Hernández, de Almafuerte, de Shaw ainda uma vez, de Quevedo.

> *Alma robusta, en penas se examina,*
> *Y trabajos ansiosos y mortales*
> *Cargan, mas no derriban nobles cuellos**

* A alma robusta na dor se põe à prova,/ E os trabalhos ansiosos e mortais/ Oprimem, mas não vergam nobres nucas

lemos nas *Musas castellanas*, em seu segundo tomo. Carriego tampouco se volta para a perfeição do mal, a precisão e a aparente exaltação do destino em suas perseguições, o entusiasmo cênico da desgraça. Eis a reação de Shakespeare:

All strange and terrible events are welcome,
But comforts we despise: our size of sorrow,
Proportion'd to our cause, must be as great
As that which makes it.

Carriego apela unicamente a nossa piedade.

Aqui é inevitável uma discussão. A opinião geral, tanto a manifestada em viva voz como a escrita, determinou que esses apelos à piedade são a justificativa e a virtude da obra de Carriego. Mesmo sendo o único, quero discordar. Uma poesia que vive de contrariedades domésticas e que se encarniça em perseguições de pequeno porte, imaginando ou registrando incompatibilidades para que o leitor as deplore, parece-me uma privação, um suicídio. O tema é sempre alguma emoção ferida, algum desgosto; o estilo é o do mexerico, com todas as interjeições, ponderações, falsas piedades e receios preparatórios praticados pelas comadres. Uma opinião distorcida (que tenho a decência de não entender) afirma que essa exibição de misérias supõe uma generosa bondade. Supõe uma indelicadeza, penso eu. Composições como "Mamboretá" ou "El nene está enfermo" [O menino está doente] ou "Hay que cuidarla mucho, hermana, mucho" [É preciso cuidar muito, muito bem dela, irmã] — tão frequentadas pela distração das antologias e pela declamação — não pertencem à literatura, mas ao delito: são uma chantagem sentimental deliberada, redutível a esta fórmula: "Eu lhe apresento um padecimento; se o senhor não se comove, é um desalmado". Copio este final de um exemplar ("El otoño, muchachos" [O outono, rapazes]):

...¡Qué tristona
anda, desde hace días, la vecina!
¿La tendrá así algún nuevo desengaño?
Otoño melancólico y lluvioso
¿qué dejarás, otoño, en casa este año?
¿qué hoja te llevarás? Tan silencioso
llegas que nos das miedo.
Sí, anochece
y te sentimos, en la paz casera,
entrar sin un rumor... ¡Cómo envejece
*nuestra tía soltera!**

Essa inesperada "tia solteira", surgida devido à contingência do verso final, para que o outono tenha alguém a quem torturar, é um bom indicador da caridade presente nessas páginas. O sentimento humanitário é sempre desumano: certo filme russo prova a iniquidade da guerra mediante a triste agonia de um matungo morto a tiros — pelos diretores do filme, é claro.

Feita essa restrição — cuja finalidade edificante é re-

* ... Que triste está/ de uns dias para cá, nossa vizinha!/ Terá sofrido um novo desengano?/ Outono melancólico e chuvoso/ o que nos deixarás este ano, outono?/ Que folha levarás? Tão silencioso/ chegas, que nos fazes sentir medo./ Sim, anoitece/ e te ouvimos chegar, na paz caseira,/ sem fazer ruído... Como envelhece/ nossa tia solteira!

forçar e apurar a fama de Carriego, mostrando que ele não tem necessidade do concurso dessas queixosas páginas —, quero confessar com alacridade as verdadeiras virtudes de sua obra póstuma. Ela apresenta modulações de ternura, invenções e percepções da ternura com a precisão desta, por exemplo:

Y cuando no estén, ¿durante
cuánto tiempo aún se oirá
su voz querida en la casa
desierta?
¿Cómo serán
en el recuerdo las caras
*que ya no veremos más?**

Ou este recorte de conversa numa rua, esta secreta apropriação inocente:

Nos eres familiar como una cosa
*que fuese nuestra: solamente nuestra.***

Ou este encadeamento, emitido tão de uma vez só quanto se fosse uma única palavra muito longa:

No. Te digo que no. Sé lo que digo:
nunca más, nunca más tendremos novia,

* E quando se forem, durante/ quanto tempo ainda se ouvirá/ sua voz querida na casa/ deserta?/ Como serão/ na lembrança os semblantes/ que não veremos mais?
** És-nos familiar como uma coisa/ que fosse nossa: apenas nossa.

y pasarán los años pero nunca
más volveremos a querer a otra.
Ya lo ves. Y pensar que nos decías,
afligida quizá de verte sola,
que cuando te murieses
ni te recordaríamos. ¡Qué tonta!
Sí. Pasarán los años, pero siempre
como un recuerdo bueno, a toda hora
estarás con nosotros.
Con nosotros... Porque eras cariñosa
como nadie lo fue. Te lo decimos
tarde, ¿no es cierto? Un poco tarde ahora
que no nos puedes escuchar. Muchachas,
como tú ha habido pocas.
No temas nada, te recordaremos,
y te recordaremos a ti sola:
ninguna más, ninguna más. Ya nunca
*más volveremos a querer a otra.**

A cadência repetitiva desse poema é também a de certo poema de Enrique Banchs, "Balbuceo" [Balbucio], de

* Não. Te digo que não. Sei o que digo:/ nunca mais, nunca mais outro amor,/ e passarão os anos, porém nunca/ mais iremos amar alguém de novo./ Estás vendo. E pensar que nos dizias,/ talvez na angústia de ver-te sozinha,/ que quando tu morresses/ já não te lembraríamos. Que tola!/ Sim. Os anos passarão, contudo sempre/ como boa lembrança, a toda hora/ tu estarás conosco./ Conosco, sim... Porque eras carinhosa/ como ninguém mais foi. É um pouco tarde/ para dizer-te, certo? Um pouco tarde/ pois não podes ouvir-nos. Como tu/ poucas moças já houve./ Não te preocupes, nós te lembraremos,/ a ti e a mais ninguém nós lembraremos:/ a mais ninguém, a mais ninguém, pois nunca/ mais iremos amar alguém de novo.

El cascabel del halcón [O guizo do falcão] (1909), que o supera incomensuravelmente linha por linha ("*Nunca podría decirte/ todo lo que te queremos:/ es como un montón de estrellas/ todo lo que te queremos...*"* etc.) mas que parece mentira, enquanto o de Evaristo Carriego é verdade.

Também faz parte de *La canción del barrio* o melhor poema de Carriego, intitulado "Has vuelto".

Has vuelto, organillo. En la acera
hay risas. Has vuelto llorón y cansado
como antes.
El ciego te espera
las más de las noches sentado
a la puerta. Calla y escucha. Borrosas
memorias de cosas lejanas
evoca en silencio, de cosas
de cuando sus ojos tenían mañanas,
*de cuando era joven... la novia... ¡quién sabe!***

O verso central da estrofe não é o último, mas o penúltimo, e me parece que Evaristo Carriego o colocou ali para fugir à ênfase. Uma de suas primeiras composições — "El alma del suburbio" — já tratava do mesmo tema,

* Nunca conseguiríamos/ falar quanto te queremos:/ é como um montão de estrelas/ o tanto que te queremos...
** Voltaste, realejo. Na rua/ há risos. Voltaste chorão e cansado/ como antes./ O cego te espera/ quase toda noite sentado/ à porta. Cala-te e escuta. Incertas/ memórias de coisas distantes/ evoca em silêncio, de coisas/ de quando seus olhos tinham amanhãs,/ de quando era jovem... um amor... quem sabe!

e é bonito comparar a solução anterior (quadro realista feito de observações específicas) à definitiva e límpida festa na qual estão presentes os símbolos que o poeta prefere: a costureirinha que deu aquele mau passo, o realejo, a esquina desgarrada, o cego, a lua.

Pianito que cruzas la calle cansado
moliendo el eterno
familiar motivo que el año pasado
gemía a la luna de invierno:
con tu voz gangosa dirás en la esquina
la canción ingenua, la de siempre, acaso
esa preferida de nuestra vecina
la costurerita que dio aquel mal paso.
Y luego de un valse te irás como una
tristeza que cruza la calle desierta,
y habrá quien se quede mirando la luna
desde alguna puerta.
Anoche, después que te fuiste,
cuando todo el barrio volviá al sosiego
— qué triste —
*lloraban los ojos del ciego.**

* Realejo que cruzas a rua cansado/ remoendo o eterno/ familiar motivo que no ano passado/ gemia sob a luz de inverno:/ com tua voz fanhosa vais dizer na esquina/ a canção ingênua, de sempre, quem sabe/ essa, a preferida da nossa vizinha/ a costureirinha que deu o mau passo./ E finda uma valsa tu te afastarás/ como uma tristeza atravessando a rua/ deserta e numa porta alguém ficará/ contemplando a lua./ À noite, depois que partiste/ quando o bairro inteiro voltava ao sossego/ — que triste —/ choravam os olhos do cego.

A ternura decorre dos muitos dias, dos anos. Outra virtude do tempo, já atuante neste segundo livro e nem entrevista nem verossímil no precedente, é o recurso ao humor. O humor é uma condição que exige caráter delicado: os ignóbeis nunca se entregam a esse puro gozo, simpático às fraquezas alheias, tão imprescindível ao exercício da amizade. Trata-se de uma condição compatível com o amor: Soame Jenyns, escritor do século XVII, imaginou reverentemente que a parte de felicidade que compete aos bem-aventurados e aos anjos seria decorrência de uma refinada percepção do ridículo.

Como exemplo de humor sereno, copio estes versos:

¿Y la viuda de la esquina?
La viuda murió anteayer.
¡Bien decía la adivina,
que cuando Dios determina
*ya no hay nada más que hacer!**

Acredito que os recursos de sua graça são dois: primeiro, o de pôr na boca de uma adivinha essa moral não adivinhatória sobre a qualidade inescrutável dos atos da Providência; segundo, o respeito inabalável àquilo que diz a vizinhança, que sabiamente sanciona essa distração.

Contudo, o mais deliberado poema de humor que nos ficou de Carriego é "El casamiento" — e também o mais portenho. O poema "En el barrio" é quase uma provocação entrerriana. "Has vuelto" é apenas um minuto frá-

* Que é da viúva da esquina?/ A viúva morreu anteontem./ Bem dizia a adivinha/ que quando Deus determina/ nada se pode fazer!

gil, uma flor de tempo, com um único entardecer. "El casamiento", porém, é tão essencialmente de Buenos Aires quanto os *cielitos* de Hilario Ascasubi ou o *Fausto criollo* ou o sentido de humor de Macedonio Fernández ou o fragmentado brio festeiro dos tangos de Greco, Arolas e Saborido. Trata-se de uma articulação habilíssima entre as muitas características infalíveis de uma festa pobre. Não falta nem mesmo o rancor desabrido da vizinhança.

En la acera de enfrente varias chismosas
que se encuentran al tanto de lo que pasa,
aseguran que para ver ciertas cosas
mucho mejor sería quedarse en casa.

Alejadas del cara de presidiario
que sugiere torpezas, unas vecinas
pretenden que ese sucio vocabulario
no debieran oírlo las chiquilinas.

Aunque — tal acontece — todo es posible,
sacando consecuencias poco oportunas,
lamenta una insidiosa la incomprensible
suerte que, por desgracia, tienen algunas.

Y no es el primer caso... Si bien le extraña
que haya salido sonso... pues en enero
del año que trascurre, si no se engaña,
*dio que hablar con el hijo del carnicero.**

* Na calçada em frente as mexeriqueiras/ que estão sempre a par de tudo o que acontece,/ garantem que para observar certas coisas/ bem melhor

O orgulho ferido de antemão, a decência quase desesperada:

El tío de la novia, que se ha creído
obligado a fijarse si el baile toma
buen carácter, afirma, medio ofendido,
que no se admiten cortes, *ni aun en broma.*

— *Que, la modestia a un lado, no se la pega*
ninguno de esos vivos... seguramente.
La casa será pobre, nadie lo niega:
todo lo que se quiera, pero decente —.*

Os desgostos previsíveis:

La polka de la silla dará motivo
a serios incidentes, nada improbables:
nunca falta un rechazo despreciativo
que acarrea disgustos irremediables.

---

seria não sair de casa.// Longe do gajo com pinta de bandido/ que sugere indecências, umas vizinhas/ afirmam que esse sujo vocabulário/ não deve ser ouvido pelas mocinhas.// Embora — é fato — tudo seja possível,/ chegando a conclusões bem pouco oportunas,/ lamenta certa insidiosa a incompreensível/ sorte que, por azar, têm algumas moças.// E não é o primeiro caso... Embora estranhe/ que ele ficasse tonto, pois em janeiro/ do ano que corre, se não está enganada,/ desse o que falar com o filho do açougueiro.

* O tio da noiva, que acreditou ser sua/ tarefa tomar conta do baile para/ bem da decência afirma meio ofendido/ que não admite *cortes* nem por galhofa.// — E que, modéstia à parte, não vai pegá-la/ nem um só desses vivos... seguramente./ A casa pode ser pobre, ninguém nega:/ e tudo mais que quiserem, mas decente —.

Ahora, casualmente, se ha levantado
indignada la prima del guitarrero,
por el doble sentido mal arreglado
*del propio guarango del compañero.**

A sinceridade exasperante:

En el comedor, donde se bebe a gusto,
casi lamenta el novio que no se pueda
correr la de costumbre... pues, y esto es justo,
*la familia le pide que no se exceda.***

A função pacificadora do *guapo*, amigo da casa:

Como el guapo es amigo de evitar toda
provocación que aleje la concurrencia,
ha ordenado que apenas les sirvan soda
a los que ya borrachos buscan pendencia.

Y previendo la bronca, después del gesto
único en él, declara que aunque le cueste

* A polca da cadeira dará motivo/ a graves incidentes, muito prováveis: nunca falta um repúdio depreciativo/ que acarreta desgostos irremediáveis.// Agora, casualmente, se levantou/ indignada a prima do violonista,/ pelo duplo sentido mal explicado/ do próprio descarado do companheiro.
** Na copa, onde todos bebem à vontade,/ quase lamenta o noivo que não se possa/ entornar o de sempre... pois, como é justo,/ a família lhe pede que não se exceda.

ir de nuevo a la cárcel, se halla dispuesto
*a darle un par de hachazos al que proteste.**

Outros poemas do livro haverão de perdurar: "El velorio", que repete a técnica de "El casamiento"; "La lluvia en la casa vieja" [A chuva na casa velha], que exprime a exultação do que é elementar, quando a chuva se desloca no ar feito uma labareda e não há lar que não se sinta uma fortaleza; e alguns sonetos autobiográficos coloquiais da série "Íntimas". Estes últimos estão impregnados de destino: seu tom é sereno, mas antes de sobrevir a resignação, ou a acomodação, houve penas. Copio este verso de um deles, límpido e mágico:

*cuando aún eras prima de la luna.***

E esta declaração nada discreta, mas eloquente:

Anoche, terminada ya la cena
y mientras saboreaba el café amargo
me puse a meditar un rato largo:
el alma como nunca de serena.

Bien lo sé que la copa no está llena
de todo lo mejor, y sin embargo,

* Como o *guapo* não quer que aconteça alguma/ provocação que disperse os convidados,/ determinou que sirvam só limonada/ aos que já ébrios estão buscando briga.// E certo do tumulto, depois do gesto/ único nele, declara que sim, lhe custa/ voltar para a cadeia, mas decidiu/ ir com a faca pra cima de quem proteste.
** quando ainda eras prima da lua.

por pereza quizás, ni un solo cargo
le hago a la suerte, que no ha sido buena...

Pero como por una virtud rara
no le muestro a la vida mala cara
ni en las horas que son más fastidiosas,

nunca nadie podrá tener derecho
a exigirme una mueca. ¡Tantas cosas
*se pueden ocultar bien en el pecho!**

Uma última digressão, que instantaneamente deixará de ser uma digressão. Por mais bonitas que sejam, as descrições do amanhecer, do pampa e do anoitecer presentes no *Fausto* de Estanislao del Campo traduzem frustração e mal-estar: contaminação ocorrida já pela mera menção preliminar dos bastidores cênicos. A irrealidade da periferia é mais sutil: deriva de seu caráter provisório, da dupla gravitação da planície de cultivo ou de criação e da rua com seus sobrados, da propensão dos homens que vivem nela a considerar-se do campo ou da cidade, nunca pessoas da periferia. Nessa indeterminação, Carriego construiu sua obra.

* Ontem à noite, depois do jantar/ e enquanto saboreava o café amargo/ fiquei a meditar um longo tempo/ tendo a alma serena como nunca.// Sei muito bem que a taça não está cheia/ com o que há de melhor, e mesmo assim,/ por preguiça talvez, nem um reparo/ faço ao destino, que não foi tão bom...// Mas como por uma virtude rara/ não faço para a vida cara feia/ nem nos momentos mais desagradáveis,// nunca ninguém há de cobrar de mim/ expressão de desgosto. Tantas coisas/ podemos esconder no nosso peito!

V

um resumo possível

Carriego, jovem de tradição entrerriana, criado na periferia norte de Buenos Aires, resolveu dedicar-se à criação de uma versão poética dessa periferia. Publicou, em 1908, *Misas herejes*: livro despreocupado, direto, que registra dez consequências desse propósito deliberado de localismo e 27 amostras desiguais de versificação: algumas de bom estilo trágico — "Los lobos" —, outras de sentimento delicado — "Tu secreto", "En silencio" —, mas quase sempre sem maior significado. As páginas de observação do bairro são as que importam. Exprimem a ideia de arrojo que o subúrbio tem de si próprio e justificadamente agradaram. Exemplos desse tipo preliminar são "El alma del suburbio", "El guapo", "En el barrio": Carriego se afirmou com esses temas, mas sua exigência de comover o induziu a uma lacrimosa estética socialista, cuja inconsciente redução ao absurdo seria realizada muito depois pelo grupo de Boedo. Pertencem a esse segundo tipo, que usurpou até a noção da existência das demais, edulcorando sua glória, "Hay que cuidarla mucho, hermana, mucho", "Lo que dicen los vecinos", "Mamboretá". Mais adiante ensaiou uma abordagem narrativa, com a inovação do humor: tão indispensável num poeta de Buenos Aires. Pertencem a este último tipo — o melhor — "El casamiento", "El velorio", "Mientras el barrio duerme". Ao longo do tempo também rabiscou algumas intimidades: "Murria", "Tu secreto", "De sobremesa".

Qual é o futuro de Carriego? Não existe uma posteridade judicial se não houver uma posteridade dedicada a emitir sentenças irrevogáveis, mas os fatos me parecem sólidos. Creio que alguns de seus poemas — talvez "El casamiento", "Has vuelto", "El alma del suburbio", "En el barrio" — comoverão suficientemente muitas gerações de argentinos. Creio que ele foi o primeiro espectador de nossos bairros pobres e que isso é importante para a história de nossa poesia. O primeiro no sentido de ser o descobridor, o inventor.

Truly I loved the man, on this side idolatry, as much as any.

VI
páginas complementares

I. DO SEGUNDO CAPÍTULO

Décimas em lunfardo, publicadas por Evaristo Carriego na revista policial *L. C.* (quinta-feira, 26 de setembro de 1912), sob o pseudônimo El Barretero.

Compadre: si no le he escrito
perdone... ¡Estoy reventao!
Ando con un entripao,
que de continuar palpito
que he de seguir derechito
camino de Triunvirato;
pues ya tengo para rato
con esta suerte cochina:
Hoy se me espiantó la mina
¡y si viera con qué gato!

Sí, hermano, como le digo:
¡viera qué gato ranero!
mishio, roñoso, fulero,
mal lancero y peor amigo.

¡Si se me encoge el ombligo
de pensar el trinquetazo
que me han dao! El bacanazo
no vale ni una escupida
y lo que es de ella, en la vida
me soñé este chivatazo.

Yo los tengo junaos. ¡Viera
lo que uno sabe de viejo!
No hay como correr parejo
para estar bien en carrera.
Lo engrupen con la manquera
con que tal vez ni serán
del pelotón, y se van
en fija, de cualquier modo.
Cuando uno se abre en el codo
ya no hay caso: ¡se la dan!

¡Pero tan luego a mi edá
que me suceda esta cosa!
Si es p'abrirse la piojosa
de la bronca que me da.
Porque es triste, a la verdá
— el decirlo es necesario —
que con el lindo prontuario
que con tanto sacrificio
he lograo en el servicio,
me hayan agarrao de otario.

Bueno: ¿que ésta es quejumbrona
y escrita como sin gana?

Échele la culpa al rana
que me espiantó la cartona.
¡Tigrero de la madona,
veremos cómo se hamaca,
si es que el cuerpo no me saca
cuando me toque la mía.
Hasta luego.
— Todavía
*tengo que afilar la faca!**

II. DO QUARTO CAPÍTULO

o truco

Quarenta cartas querem deslocar a vida. Nas mãos,

* Compadre, não lhe escrevi,/ perdoe, estou destruído!/ Uma ideia me tortura;/ se ela não passar, eu acho/ que me leva rapidinho/ pros lados do cemitério;/ pois já faz bastante tempo/ que a desgraça me persegue:/ Hoje a mina me largou,/ me trocou por um safado!// Sim, irmão, como lhe digo:/ um safado sem-vergonha!/ pé-rapado, sujo, feio,/ enrolado e mau amigo./ Me dá um frio na barriga/ só de pensar na aprontada/ dos dois. O cara é emproado/ mas não vale uma cuspida,/ e ela, que cachorrada!/ Nunca eu ia imaginar!// Entendo a jogada deles./ É vivendo e aprendendo!/ Só mantendo a dianteira/ é que se vence a corrida./ Os outros chegam mancando/ como se estivessem fora/ da disputa, mas disparam,/ vencem sem apelação./ Cavalo que abre na curva/ fica fora da carreira!// E justo na minha idade/ acontece essa desgraça!/ É de rachar o porongo/ a irritação que me dá./ Porque na verdade é triste/ — e aqui é preciso dizê-lo —/ que, com o belo prontuário/ que com tanto sacrifício/ construí na minha carreira,/ eu acabe como otário.// Concordo: esta é choramingas/ e escrita sem entusiasmo.../ A culpa é desse espertinho/ que me carregou a estrepe./ Encrenqueiro do diabo,/ veremos como se vira/ se é que o corpo não esquiva/ quando chegar minha vez./ Até a vista!/ — Ainda tenho/ de afiar a minha faca.

range o baralho novo ou engripa e não desliza o velho: insignificâncias de cartolina que estão por animar-se, um ás de espadas que ficará tão onipotente quanto dom Juan Manuel, cavalinhos barrigudos de onde Velázquez copiou os seus. O embaralhador embaralha essas pinturinhas. A coisa é fácil de dizer e fácil de fazer, mas a magia e a impertinência do jogo — do fato de jogar — surgem na ação. As cartas são em número de 40 e 1 por 2 por 3 por 4... por 40, que é o número de maneiras como podem sair. É uma cifra delicadamente pontual em sua enormidade, com predecessor imediato e sucessor único, mas jamais escrita. É uma cifra remota que dá vertigem e que parece dissolver os jogadores em sua vastidão. Assim, desde o início, o mistério central do jogo vê-se adornado por outro mistério, o de que haja números. Sobre a mesa, sem toalha para que as cartas deslizem, aguardam amontoados os grãos-de-bico, também eles aritmetizados. Monta-se a partida de truco; os jogadores, subitamente crioulizados, dispensam seu eu usual. Um eu diferente, um eu quase antepassado e vernáculo se funde aos desígnios do jogo. De súbito o idioma é outro. Proibições tirânicas, possibilidades e impossibilidades astutas gravitam em torno de tudo o que é dito. Mencionar *flor* sem ter três cartas do mesmo naipe é ocorrência delituosa e passível de punição, mas, se antes já se disse *envido*, não tem importância. Mencionar um dos lances do truco é empenhar-se nele: compromisso que prossegue desdobrando cada termo em eufemismos. *Quiebro* vale por *quiero*, *envite* por *envido*,* uma *olorosa* ou uma *jardinera* por *flor*. É normal que esta declaração

* Lances do jogo de truco.

de caudilho de comício retumbe na boca dos que perdem: "Em matéria de regra de jogo, tudo já foi dito: faltam envido e truco, e se houver flor, contraflor para todos!". Mais de uma vez, o diálogo se inflama a ponto de virar poesia. O truco conhece receitas de resistência para os perdedores; de versos para os que exultam. O truco é memorioso como uma data. Milongas de fogo de chão e de pulperia, cantorias de velório, bravatas da politicagem,* safadezas dos cabarés da rua Junín e da sua madrasta rua del Temple são, nele, as do comércio humano. O truco é bom cantor, sobretudo quando ganha ou finge ganhar: canta à noitinha nos fins de rua, nos armazéns iluminados.

O usual do truco é mentir. Nele, o fingimento não é o do pôquer: manifesta-se por atitudes de desânimo ou indiferença e pelo gesto de arriscar um monte de fichas a cada tantas jogadas; o truco é uma sucessão de observações mentirosas, de semblantes com expressões enganosas que disfarçam, de palavrório trapaceiro e desatinado. No truco se verifica uma potencialização do engano; o jogador resmungão que atirou suas cartas na mesa pode estar escondendo um bom jogo (esperteza básica) ou quem sabe mentindo com a verdade para que os outros deixem de imaginá-la (esperteza ao quadrado). Conversador e à vontade no tempo está o jogo *criollo*, mas sua pachorra é a da enganação. Trata-se de uma sobreposição de caretas animada pelo espírito dos dois comerciantes de quinquilharias Moshe e Daniel, que, ao se encontrarem no meio da grande planície da Rússia, cumprimentaram-se.

* No original, "*bravatas del roquismo y tejedorismo*", alusão aos políticos Julio Argentino Roca (1843-1914) e Carlos Tejedor (1817-1903).

— Aonde você vai, Daniel? — quis saber um deles.

— Para Sebastopol — respondeu o outro.

Moshe fuzilou Daniel com os olhos e diagnosticou:

— Você mente, Daniel. Diz que vai para Sebastopol para que eu imagine que vai para Níjni Novgorod, mas na verdade vai mesmo para Sebastopol. Como você é mentiroso, Daniel!

Observo os jogadores de truco. Estão como que escondidos no ruído *criollo* do diálogo; querem espantar a gritos a vida. Quarenta cartas — amuletos de cartolina pintada, mitologia barata, exorcismos — são suficientes para esconjurar o cotidiano. Jogam de costas para as horas populosas do mundo. A realidade pública e urgente em que todos estamos faz fronteira com o grupo de jogadores de truco e não entra; o recinto de sua mesa é outro país. País povoado pelo *envido* e pelo *quiero*, pela *olorosa* cruzada e pela imprevisibilidade de recebê-la, pelo ávido folhetim de cada partida, o 7 de ouros tilintando esperança e outras apaixonadas bagatelas do repertório. Os truqueiros vivem nesse mundinho alucinado. Fomentam-no com mexericos *criollos* feitos sem pressa, alimentam-no como se fosse uma fogueira. É um mundo estreito, sei: fantasma de política de boteco e de engodos; enfim, mundo inventado por feiticeiros de depósito de material de construção e bruxos de bairro, mas nem por isso menos substituidor deste mundo real ou menos inventivo e diabólico em sua ambição.

Idealizar um argumento local como esse do truco sem transcendê-lo ou aprofundá-lo — aqui as duas figuras podem simbolizar um mesmo ato, tamanha é sua precisão — parece-me uma leviandade gravíssima. Não quero esquecer, aqui, um pensamento sobre a pobreza do truco.

Os diversos estágios de sua polêmica, seus tombos, seus impulsos irresistíveis, suas cabalas, não podem não voltar. Como as experiências, têm de repetir-se. O que é o truco senão um hábito, para os que o praticam? Considere-se ainda o que o jogo tem de rememorativo, seu apego às fórmulas tradicionais. Na verdade, todo jogador não faz mais que reincidir em vazas remotas. Seu jogo é uma repetição de jogos passados, ou seja, de fragmentos de vivências passadas. Nele, gerações já invisíveis de *criollos* estão como que enterradas vivas: *são* ele, podemos afirmar sem metáfora. Pensando assim, deduzimos que o tempo é uma ficção. Portanto, percorrendo os labirintos de cartolina pintada do truco, nos aproximamos da metafísica: única justificativa e finalidade de todos os temas.

VII
as inscrições das carretas

Convém que meu leitor imagine uma carreta. Melhor imaginá-la grande, com as rodas traseiras mais altas que as dianteiras, como se tivessem uma reserva de força; o carreteiro *criollo* robusto como a obra de madeira e ferro em que está, os lábios distraídos num assobio ou dirigindo injunções paradoxalmente suaves aos irrequietos cavalos: aos parelheiros andadores e ao reserva que vai na ponta, amarrado aos outros (proa obstinada para os que necessitam de comparações). Carregada ou sem carga, tanto faz, só que ao voltar vazia seu passo se torna menos atrelado a um uso e mais entronizada a boleia, como se nela se mantivesse a conotação militar que tiveram as carretas no império guerrilheiro de Átila. A rua por onde segue pode ser a Montes de Oca ou a Chile ou a Patricios ou a Rivera ou a Valentín Gómez, mas é melhor a Las Heras, com seu tráfego heterogêneo. Ali a carreta retardatária fica perpetuamente para trás, mas justamente essa postergação lhe dá a vitória, como se a celeridade alheia fosse uma espavorida urgência de escravo e a demora própria uma completa posse do tempo, quase da eternidade. (Essa posse temporal é o infinito capital *criollo*, o único. A lentidão pode ser exaltada como imobilidade: posse do espaço.) Perdura a carreta e traz uma inscrição no flanco. O classicismo do subúrbio assim o decreta, e, embora essa desinteressada inhapa expressiva, sobreposta às visíveis expressões de resistência, forma, destino, altura e realidade corroborem a acusação de verbosidade que os conferencistas europeus nos aplicam, não posso omiti-la, porque é o tema deste texto. Faz tempo que sou caçador dessas inscrições: epigrafia de quintal que supõe caminhadas e desocupações mais poéticas que as peças efetivamente colecionadas, que se tornam escassas nestes dias italianizados.

Não pretendo entornar sobre a mesa esse capital coletício de caraminguás — apenas mostrar alguns exemplares. O projeto é da área da retórica, como se vê. É consabido que aqueles que sistematizaram essa disciplina incluíram nela todos os usos da palavra, inclusive os irrisórios ou humildes da adivinha, do calembur, do acróstico, do anagrama, da charada, da charada cúbica, da empresa. Se esta última, que é figura simbólica e não palavra, foi admitida, entendo que a inclusão das inscrições das carretas seja irretorquível. Trata-se de uma variante indígena do lema, gênero nascido nos escudos. Inclusive, seria o caso de assimilar as inscrições das carretas aos outros gêneros literários, para que o leitor se desiluda e não espere maravilhas de meu levantamento. Como desejar maravilhas aqui, quando elas não fazem parte nem nunca fizeram das refletidas antologias de Menéndez y Pelayo ou de Palgrave?

Um equívoco muito corrente é o de admitir como genuína inscrição de carreta a da casa a que ela pertence:

“O modelo da Quinta Bollini”, exemplo perfeito da banalidade sem inspiração, poderia estar entre as que recolhi; “A mãe do Norte”, carreta de Saavedra, está. Belo nome, este último, que pode ter duas explicações. Uma, a inverossímil, é ignorar a metáfora e imaginar a Zona Norte parida por essa carreta, fluindo de sua passagem inventora sob a forma de casas e armazéns e lojas de ferragens. Outra é a que ocorreu a vocês, a previsível. Mas nomes como esses correspondem a outro gênero literário menos doméstico, o dos dísticos comerciais: gênero muito praticado em concisas obras-primas como a alfaiataria “O colosso de Rodas”, para designar Villa Urquiza, e a fábrica de camas “La dormitológica”, para designar Belgrano, o qual, porém, não faz parte de minha jurisdição.

A genuína inscrição de carreta não é muito diferente. Tradicionalmente, ela é assertiva — “A flor da praça Vértiz”, “O vencedor” — e costuma ter um ar de valentia entediada. Por exemplo, “O anzol”, “A maleta”, “O garrote”. Esta última me agrada, mas me foge à memória quando relembro este outro lema, também de Saavedra e que declara viagens extensas como navegações, conhecimento das trilhas pampianas e vigorosas nuvens de pó: “O navio”.

Uma modalidade bem definida do gênero é a inscrição nos veículos que entregam mercadorias em domicílio. O hábito do regateio e da conversa fiada cotidiana das mulheres distraiu-os da preocupação da coragem, e seus vistosos letreiros preferem o alarde serviçal ou a galanteria. “O liberal”, “Viva quem me protege”, “O pequeno basco do Sul”, “O beija-flor”, “O leiteirinho do futuro”, “O rapaz bonito”, “Até amanhã”, “O recorde de Talcahuano” e “O sol nasce para todos” podem ser alegres exemplos. “O que seus olhos me fizeram" e "Onde há cinzas já houve fogo" mostram paixão mais individualizada. "Quem me inveja morre desesperado" deve ser uma intromissão espanhola. "Não tenho pressa" é *criollo* puro. A displicência ou a severidade da frase breve muitas vezes é corrigida não só pelo jeito gracioso de fazer a afirmação como pela profusão das frases. Uma vez vi um carrinho de transporte de frutas que, além do nome pouco original "O preferido do bairro", proclamava, num dístico satisfeito: "Digo e insisto, meu bem:// Eu não invejo ninguém", e comentava a figura de um casal dançando tango na penumbra, com a indicação resoluta: "Sempre em frente". Essa charlatanice da brevidade, esse frenesi sentencioso, traz-me à memória o estilo da fala do célebre estadista dinamarquês Polônio, do *Hamlet*, ou o do Polônio de verdade, Baltasar Gracián.

Volto às inscrições clássicas. "O croissant de Morón" é o lema de uma carreta altíssima, com gradis de ferro quase marinheiros e que me foi dado contemplar certa úmida noite no exato centro de nosso Mercado Público, imperando a doze patas e quatro rodas sobre a luxuriante fermentação de odores. "A soledade" é o mote de uma carreta que avistei ao sul da província de Buenos Aires e que impõe distância. Essa é, também, a intenção de "O navio", porém de modo menos obscuro. "A filha me ama e a velha não tem nada com isso" é de omissão impossível, menos por sua ausente agudeza que por seu genuíno tom de periferia. A observação se aplica a "Teus beijos me pertenceram", afirmação tirada de uma valsa mas que, por estar escrita numa carreta, se reveste de insolência. "O que você está olhando, invejoso?" tem algo de mulherengo, de arrogante. "Me orgulho" é muito superior, em dignidade solar e boleia alta, às mais efusivas incriminações de Boedo. "Aqui vem o Aranha" é um belo aviso. "Pra loira, quando" o é mais ainda, não só pela apócope *criolla* e por sua antecipada preferência pela morena, como pelo uso irônico do advérbio "quando", aqui com valor de "nunca". (Conheci esse renunciado "quando" numa milonga impublicável, que deploro não poder imprimir em voz baixa ou amenizar pudicamente em latim. Destaco em seu lugar esta parecida, *criolla* do México, registrada no livro de Rubén Campos *El folklore y la música mexicana*: "Dizem que vão tirar de mim/ as calçadas por onde ando;/ as calçadas talvez tirem/ porém a querência, quando". "Quando, meu bem" era outra expressão usual dos adversários ao atalhar o pau tisnado ou a faca do rival.) "O ramo está florido" é uma notícia de alta serenidade e magia. "Quase nada", "Por que você não me falou" e "Quem diria" são imexíveis de bons. Envolvem um drama, estão na circulação da realidade. Correspondem a frequências da emoção: parecem pertencer ao destino, sempre. São ademanes prolongados pela escrita, são uma afirmação incessante. Têm a qualidade alusiva do proseador da periferia, que não pode narrar ou raciocinar de modo direto e se compraz em descontinuidades, em generalidades, em fintas: sinuosas como o corte.* Mas o ápice, a tenebrosa flor deste recenseamento, é a opaca inscrição "O perdido não chora", que nos deixou, a Xul Solar e a mim, escandalosamente intrigados, por mais habituados que estivéssemos a entender os mistérios delicados de Robert Browning, os frívolos de Mallar-

* Movimento brusco ao dançar-se o tango.

mé e os meramente chatos de Góngora. "O perdido não chora"; ofereço ao leitor este cravo retinto.

Não existe ateísmo literário fundamental. Eu pensava desacreditar da literatura e me deixei levar pela tentação de reunir estas partículas dela. Duas razões me absolvem. Uma é a superstição democrática que postula a existência de méritos especiais em toda obra anônima, como se todos juntos soubéssemos o que ninguém sabe, como se a inteligência fosse nervosa e tivesse melhor desempenho nas ocasiões em que ninguém a vigia. Outra é a facilidade de julgar o que é breve. Temos dificuldade em admitir que nossa opinião acerca de uma linha possa não ser final. Entregamos nossa fé às frases, já que não aos capítulos. É inevitável, aqui, a menção a Erasmo: incrédulo e ao mesmo tempo pesquisador de provérbios.

Esta página começará a ficar erudita depois de muitos dias. Sou incapaz de fornecer referências bibliográficas, com exceção deste parágrafo casual de um predecessor meu nesses afetos. Pertence aos esboços desanimados de verso clássico que hoje se denominam versos livres.

Em minha memória, é assim:

Los carros de costado sentencioso
franqueaban tu mañana
y eran en las esquinas tiernos los almacenes
*como esperando un ángel.**

Prefiro as inscrições das carretas, flores da periferia.

* As carretas de flanco sentencioso/ cruzavam tua manhã/ e eram nas esquinas suaves os armazéns/ como à espera de um anjo.

VIII
histórias de cavaleiros

São muitas e poderiam ser infinitas. A primeira é modesta; as que vêm em seguida irão aprofundá-la.

Um estancieiro uruguaio havia adquirido um estabelecimento de campo (tenho certeza de que foi essa a expressão utilizada por ele) na província de Buenos Aires. Trouxe de Paso de los Toros um domador, homem de sua absoluta confiança mas muito xucro. Instalou-o numa pensão perto do bairro do Once. Três dias depois, foi até lá; encontrou-o mateando em seu quarto, no último andar do prédio. Perguntou-lhe o que havia achado de Buenos Aires e ficou sabendo que o homem não pusera o pé na rua uma vez que fosse.

A segunda não é muito diferente. Em 1903, Aparicio Saravia liderou a campanha do Uruguai; em alguma etapa da refrega surgiu o receio de que seus homens pudessem irromper em Montevidéu. Meu pai, que estava na cidade, foi se aconselhar com um parente, Luis Melián Lafinur, o historiador. Este lhe disse que não havia perigo, "porque o *gaucho* teme a cidade". Com efeito, as tropas de Saravia fizeram um desvio e meu pai comprovou com certo assombro que o estudo da História pode ser útil, além de agradável.[22]

22 Burton escreve que os beduínos, nas cidades árabes, cobrem o nariz

Minha terceira história também pertence à tradição oral de minha casa. Em fins de 1870, as tropas de López Jordán, comandadas por um *gaucho* conhecido pela alcunha de El Chumbiao, cercaram a cidade de Paraná. Certa noite, aproveitando um descuido da guarda, os sublevados conseguiram cruzar a linha de defesa e deram a volta na praça central a cavalo, batendo na boca e fazendo algazarra. Depois, entre zombarias e assobios, se retiraram. Para eles a guerra não era a execução coerente de um plano, mas um exercício de hombridade.

A quarta história, a última, está nas páginas de um livro admirável: *L'Empire des Steppes* (1939), do orientalista Grousset. Dois parágrafos do capítulo 2 podem ajudar a entendê-la; eis o primeiro:

> A guerra de Gêngis Khan contra os Kin, iniciada em 1211, se prolongaria, com breves tréguas, até sua morte (1227), para ser concluída por seu sucessor (1234). Os mongóis, com sua cavalaria móvel, podiam arrasar os campos e as povoações abertas, mas durante muito tempo ignoraram a arte de tomar as praças fortificadas pelos engenheiros chineses. Além disso, guerreavam tanto na China como na estepe mediante incursões sucessivas, ao cabo das quais se retiravam com o butim, permitindo que, na retaguarda, os chineses tornassem a ocupar as cidades, reerguessem as ruínas, remendassem as brechas e reconstruíssem as for-

---

com o lenço ou com chumaços de algodão; Amiano, que os hunos tinham tanto medo das casas quanto das sepulturas. De forma análoga, os saxões que entraram na Inglaterra no século V não tiveram coragem de morar nas cidades romanas que conquistaram. Deixaram-nas cair aos pedaços e depois compuseram elegias para lamentar suas ruínas.

tificações, de tal modo que no decorrer daquela guerra os generais mongóis se viram obrigados a reconquistar duas ou três vezes as mesmas praças.

E aqui o segundo:

Os mongóis tomaram Pequim, degolaram a população, saquearam as casas e depois tocaram fogo. A destruição se estendeu por um mês. Percebe-se que os nômades não sabiam o que fazer com uma cidade grande e não atinavam com a maneira de utilizá-la para a consolidação e expansão de seu poderio. Há aí um caso interessante para os especialistas em geografia humana: a dificuldade dos povos das estepes quando, sem transição, o acaso põe em suas mãos velhos países de civilização urbana. Queimam e matam, não por sadismo, mas por estarem desconcertados e não saberem agir de outro modo.

Eis agora a história que todas as autoridades confirmam: durante a última campanha de Gêngis Khan, um de seus generais percebeu que os novos súditos chineses não teriam a menor serventia para eles, visto que eram ineptos para a guerra e que, consequentemente, o mais sensato seria exterminar a todos, arrasar as cidades e transformar o quase interminável Império Central numa vasta pastagem para a cavalhada. Assim pelo menos aproveitariam a terra, já que o restante não servia para nada. O Khan estava prestes a adotar a sugestão de seu general quando outro conselheiro argumentou que seria mais proveitoso cobrar impostos sobre as terras e as mercadorias. A civilização se salvou, os mongóis envelheceram nas cidades que haviam sonhado destruir e sem dúvida acabaram por estimar, em jardins simétricos, as desprezíveis e pacíficas artes da prosódia e da cerâmica.

Remotas no tempo e no espaço, as histórias que reuni são uma só; o protagonista é eterno, e o atemorizado peão que passa três dias diante de uma porta que se abre para um último pátio é, embora em pequena dimensão, o mesmo que, com dois arcos, um laço feito de crina e uma cimitarra, esteve a ponto de arrasar e eliminar, sob os cascos do cavalo das estepes, o reino mais antigo do mundo. Há certo prazer em perceber, sob os disfarces do tempo, as eternas modalidades de cavaleiro e de cidade;[23] esse prazer, no caso destas histórias, pode deixar-nos um travo melancólico, já que nós, argentinos (por obra do *gaucho* de Hernández ou por gravitação de nosso passado), nos identificamos com o cavaleiro, que é quem perde no fim. Os centauros vencidos pelos lápitas, a morte do pastor de ovelhas Abel pela mão de Caim, que era lavrador, a derrota da cavalaria de Napoleão pela infantaria britânica em Waterloo, são símbolos e sombras desse destino.

Um homem a cavalo que se afasta e desaparece, com uma sugestão de derrota, é também, em nossas letras, o *gaucho*. Assim, no *Martín Fierro*:

Cruz y Fierro de una estancia
Una tropilla se arriaron,
Por delante se la echaron
Como criollos entendidos

23 É sabido que Hidalgo, Ascasubi, Estanislao del Campo e Lussich produziram muitas versões divertidas do diálogo do cavaleiro com a cidade.

Y pronto, sin ser sentidos,
Por la frontera cruzaron.

Y cuando la habían pasao,
Una madrugada clara,
Le dijo Cruz que mirara
Las últimas poblaciones
Y a Fierro dos lagrimones
Le rodaron por la cara.

Y siguiendo el fiel del rumbo
*Se entraron en el desierto…**

E no *El payador*, de Lugones:

Dir-se-ia que o vimos desaparecer por trás dos outeiros familiares, no tranco de seu cavalo, devagarinho, porque não vão imaginar que é de medo, com a última tarde que ia ficando parda como a asa da pomba-trocaz, debaixo do lúgubre chambergo e do poncho pendente dos ombros em dobras descaídas de bandeira a meio pau.

E em *Don Segundo Sombra*:

A silhueta mirrada de meu padrinho apareceu na lom-

* Cruz e Fierro de uma estância/ Roubaram uma tropilha;/ Para diante a tocaram/ Como *criollos* entendidos,/ E logo, sem serem vistos/ Passaram pela fronteira.// E então, passada a fronteira,/ Numa madrugada clara,/ Cruz lhe disse que observasse/ As últimas povoações,/ E duas lágrimas correram/ Pelo semblante de Fierro.// E seguindo o fiel do rumo/ Se internaram no deserto…

bada. Meu olhar fitava energicamente aquele minúsculo movimento no pampa sonolento. Em breve ele chegaria ao topo da estrada e desapareceria. Foi sumindo como se o cortassem a partir de baixo em repetidos talhos. Sobre o ponto negro do chambergo, meus olhos se aferraram como se quisessem fazer perdurar aquele resíduo.

O espaço, nos textos citados acima, tem a missão de significar o tempo e a história.

A figura do homem sobre o cavalo é secretamente patética. Com Átila, Açoite de Deus, com Gêngis Khan e com Timur, o cavaleiro destrói e funda vastos reinos com violento fragor, mas suas destruições e fundações são ilusórias. Sua obra é tão efêmera quanto ele. Do lavrador vem a palavra "cultura", das cidades a palavra "civilização", mas o cavaleiro é uma tempestade que se dissipa. No livro *Die Germanen der Völkerwanderung* (Stuttgart, 1939), Capelle observa, a esse respeito, que os gregos, os romanos e os germanos eram povos agrícolas.

IX
o punhal

para Margarita Bunge

Numa gaveta há um punhal.

Foi forjado em Toledo, em fins do século passado; Luis Melián Lafinur o ofereceu a meu pai, que o trouxe do Uruguai; Evaristo Carriego o teve nas mãos alguma vez.

Quem o vê sente necessidade de brincar um pouco com ele; percebe que há muito tempo queria encontrá-lo; a mão dá-se pressa em apertar a empunhadura que a espera; a lâmina obediente e poderosa se encaixa na bainha com precisão.

O punhal quer outra coisa.

É mais que uma estrutura feita de metais; os homens o pensaram e o conformaram para uma finalidade muito precisa; é, de algum modo, eterno, o punhal que esta noite matou um homem em Tacuarembó e os punhais que mataram César. Quer matar, quer derramar sangue brusco.

Numa gaveta da escrivaninha, entre blocos e cartas, interminavelmente sonha o punhal seu singelo sonho de tigre, e a mão se anima quando o brande porque o metal se anima, o metal que pressente em todo contato o homicida para quem os homens o criaram.

Às vezes me dá pena. Tanta dureza, tanta fé, tão impassível ou inocente altivez, e os anos passam, inúteis.

X

prólogo a uma edição das poesias completas de evaristo carriego

Todos, agora, vemos Evaristo Carriego em função do subúrbio e temos tendência a esquecer que Carriego é (como o *guapo*, a costureirinha e o gringo) um personagem de Carriego, assim como o subúrbio em que o visualizamos é uma projeção e quase uma ilusão de sua obra. Wilde afirmava que o Japão — as imagens que essa palavra desperta — tinha sido inventado por Hokusai; no caso de Evaristo Carriego, devemos postular uma ação recíproca: o subúrbio cria Carriego e é recriado por ele. Carriego está sob a influência do subúrbio real e do subúrbio de Trejo e das milongas; Carriego impõe sua visão do subúrbio; essa visão modifica a realidade. (Mais tarde haverão de modificá-la, muito mais, o tango e o sainete.)

Como se produziram os fatos, como aconteceu de esse rapaz pobre, Carriego, ter chegado a ser aquele que agora será para sempre? Se perguntássemos ao próprio Carriego, talvez ele não soubesse responder-nos. Sem outro argumento além de minha incapacidade para imaginar as coisas de outra maneira, proponho esta versão ao leitor:

Um dia entre os dias do ano de 1904, numa casa que

ainda existe na rua Honduras, Evaristo Carriego lia com pesar e avidez um livro sobre a gesta de Charles de Baatz, senhor de Artagnan. Com avidez, porque Dumas lhe oferecia o que a outros oferecem Shakespeare ou Balzac ou Walt Whitman, o sabor da plenitude da vida; com pesar porque era jovem, orgulhoso, tímido e pobre, e acreditava ser um exilado da vida. A vida estava na França, pensou, no claro contato de aço com aço, ou quando os exércitos do imperador inundavam a terra, mas a mim coube o século XX, o tardio século XX, e um medíocre arrabalde sul-americano... Assim meditava Carriego quando uma coisa aconteceu. Um acorde de laborioso violão, a fileira desparelhada de casas baixas vistas da janela, Juan Muraña tocando o chambergo com a ponta dos dedos para responder a um cumprimento (Juan Muraña que anteontem à noite *marcou* O Chileno Suárez), a lua no quadrilátero do pátio, um homem velho com um galo de rinha, uma coisa, qualquer coisa. Uma coisa que não teremos condições de recuperar, uma coisa cujo sentido conhecemos mas não a forma, uma coisa cotidiana e trivial e não percebida até aquele momento, que revelou a Carriego que o universo (que acontece inteiro em cada instante, em qualquer lugar, e não apenas nas obras de Dumas) também estava ali, no mero presente, em Palermo, em 1904. "Entrai, que também aqui estão os deuses", disse Heráclito de Éfeso às pessoas que o encontraram aquecendo-se na cozinha.

Pareceu-me alguma vez que toda vida humana, por mais complexa e repleta que seja, consiste na verdade num único momento; o momento em que o homem sabe para sempre quem é. A partir da imprecisável revelação que procurei intuir, Carriego é Carriego. Já é o autor daqueles versos que anos depois terá permissão para inventar:

Le cruzan el rostro, de estigmas violentos,
hondas cicatrices, y tal vez le halaga
llevar imborrables adornos sangrientos:
*caprichos de hembra que tuvo dl daga.**

No último, quase milagrosamente, há um eco da imaginação medieval do conúbio do guerreiro com sua arma, dessa imaginação que Detlev von Liliencron fixou em outros versos ilustres:

In die Friesen trug er sein Schwert Hilfnot,
*das hat ihn heute betrogen...***

Buenos Aires, novembro de 1950

* Cruzam seu rosto, de estigmas violentos,/ fundas cicatrizes, e talvez se orgulhe/ desses indeléveis adornos sangrentos:/ caprichos de fêmea que teve a adaga.
** Entre os frísios ele portou sua espada protetora,/ essa que hoje o traiu...

XI
história do tango

Vicente Rossi, Carlos Vega e Carlos Muzzio Sáenz Peña, pesquisadores diligentes, ofereceram versões distintas para a origem do tango. Não tenho a menor dificuldade em declarar que subscrevo a todas as conclusões a que chegaram e quem sabe também a alguma outra. Há uma história do destino do tango que o cinema divulga periodicamente; de acordo com ela, o tango teria nascido no subúrbio, nos *conventillos** (situados, em geral, na Boca do Riachuelo devido às virtudes fotográficas da área); no início, ao que parece, o tango teria sido repelido pelo patriciado que, contudo, por volta de 1910, esclarecido pelo bom exemplo de Paris, teria aberto suas portas à interessante manifestação do subúrbio. Esse *Bildungsroman*, esse "romance de um jovem pobre", já se transformou numa espécie de verdade inconclusa ou de axioma; minhas lembranças (já completei cinquenta anos) e as indagações de natureza oral que empreendi decididamente não o confirmam.

* No Uruguai e na Argentina, locais de moradia coletiva e instalações precárias.

Conversei com José Saborido, autor de "Felicia" e de "La morocha", com Ernesto Poncio, autor de "Don Juan", com os irmãos de Vicente Greco, autor de "La viruta" e de "La Tablada", com Nicolás Paredes, caudilho que foi de Palermo, e com um ou outro *payador* conhecido dele. Deixei-os falar; cuidadosamente, me abstive de formular perguntas que sugerissem essa ou aquela resposta. Questionados sobre a procedência do tango, a topografia e também a geografia de seus informes eram singularmente diversas: Saborido (que era uruguaio) preferiu um berço montevideano; Poncio (que era do bairro do Retiro) optou por Buenos Aires e por seu bairro; os portenhos do Sul invocaram a rua Chile; os do Norte, a rua meretrícia del Temple ou a rua Junín.

Malgrado as divergências que enumerei e que seria fácil enriquecer consultando platenses ou *rosarinos*, meus assessores concordavam quanto a um fato fundamental: o tango surgiu nos bordéis. (E também quanto à data em que surgiu, que nenhum dizia ser muito anterior a 1880 ou 1890.) Os instrumentos que compunham as orquestras primitivas — piano, flauta, violino, depois *bandoneón* — confirmam, pelo custo, esse testemunho; são uma prova de que o tango não surgiu no subúrbio, que sempre se deu por satisfeito, como todos sabem, com as seis cordas do violão. Não faltam outras confirmações: a lascívia dos protagonistas, a conotação evidente de certos títulos ("El choclo", "El fierrazo"),* a circunstância, que quando menino tive ocasião de observar em Palermo e anos depois

* *Choclo*, "espiga de milho", é uma alusão óbvia ao pênis; *el fierrazo*, "a estocada", ao ato sexual.

na Chacarita e em Boedo, de que nas esquinas ele era dançado por duplas de homens, porque as mulheres do povo não queriam participar de uma dança de perdidas. Evaristo Carriego fixou-a em suas *Misas herejes*:

En la calle, la buena gente derrocha
sus guarangos decires más lisonjeros,
porque al compás de un tango, que es "La morocha",
lucen ágiles cortes *dos orilleros.**

Em outra composição de Carriego aparece, com riqueza de aflitivos detalhes, uma pobre festa de casamento; o irmão do noivo está preso, há dois rapazes arruaceiros que o *guapo* é obrigado a acalmar com ameaças, há receio e ressentimento e gracejos vulgares, mas

El tío de la novia, que se ha creído
obligado a fijarse si el baile toma
buen carácter, afirma, medio ofendido,
que no se admiten cortes, *ni aun en broma.*
— Que, la modestia a un lado, no se la pega
ninguno de esos vivos... seguramente.
La casa será pobre, nadie lo niega,
*todo lo que se quiera, pero decente —.***

* A boa gente que anda na rua não poupa/ suas palavras chulas mais lisonjeiras,/ porque ao compasso de um tango, que é o "La morocha",/ seus cortes destros luzem/ dois *orilleros*.

** O tio da noiva, que acreditou ser sua/ tarefa tomar conta do baile para/ bem da decência afirma meio ofendido/ que não admite *cortes* nem por galhofa./ — E que, modéstia à parte, não vai pegá-la/ nem um só desses

O homem intempestivo e severo que nos deixam entrever, para sempre, as duas estrofes, representa muito bem a primeira reação do povo perante o tango, "esse réptil de lupanar", como o definiria Lugones com laconismo desdenhoso (*El payador*, p. 117). Foram necessários muitos anos para que o Barrio Norte impusesse o tango — é verdade que já domesticado por Paris — aos *conventillos*, e não sei se o conseguiu de fato. Antes, era uma diabrura orgiástica; hoje é um modo de andar.

O TANGO DE BRIGA

Muitos já apontaram a índole sexual do tango; o mesmo não aconteceu com sua índole brigona. É verdade que as duas são modos ou manifestações de um mesmo impulso, assim como a palavra "homem", em todas as línguas que conheço, conota capacidade sexual e capacidade belicosa, e a palavra "*virtus*", que em latim significa "coragem", deriva de "vir", que é "varão". Assim, numa das páginas de *Kim*, um afegão declara: "Aos quinze anos eu já havia matado um homem e procriado um homem" (*When I was fifteen, I had shot my man and begot my man*), como se os dois atos fossem, essencialmente, um só.

Falar de tango de briga não basta; eu diria que o tango e as milongas expressam de forma direta uma coisa que os poetas muitas vezes quiseram dizer com palavras: a convicção de que brigar pode ser uma festa. Na famo-

---

vivos... seguramente./ A casa pode ser pobre, ninguém nega:/ e tudo mais que quiserem, mas decente.

sa *História dos godos*, escrita por Jordanès no século VI, lemos que Átila, antes da derrota de Châlons, dirigiu-se a seus exércitos e lhes disse que a fortuna lhes reservara *os júbilos* daquela batalha (*certaminis hujus gaudia*). A *Ilíada* menciona os aqueus, para quem a guerra era mais doce que regressar em ocas embarcações para a querida terra natal, e conta como Páris, filho de Príamo, correu com pés velozes para a batalha assim como o cavalo de agitada crina vai em busca das éguas. Na antiga epopeia saxônica que inaugura as literaturas germânicas, o *Beowulf*, o rapsodo fala da batalha como *sweorda gelac* (jogo de espadas). "Festa de vikings" foi a designação escolhida pelos poetas escandinavos no século XI. No início do século XVII, Quevedo, numa de suas xácaras, referiu-se a um duelo como sendo uma "dança de espadas", o que praticamente corresponde ao "jogo de espadas" do anônimo anglo-saxônico. O esplêndido Hugo, em sua evocação da Batalha de Waterloo, disse que os soldados, quando compreenderam que iam morrer naquela festa (*comprenant qu'ils allaient mourir dans cette fête*), fizeram uma saudação a seu deus, de pé na tempestade.

Estes exemplos, que fui anotando ao sabor de minhas leituras, poderiam, sem maior diligência, multiplicar-se; é provável que na *Chanson de Roland* ou no vasto poema de Ariosto haja trechos congêneres. Alguns dos registrados aqui — o de Quevedo ou o de Átila, digamos — são de inegável eficácia; todos, porém, padecem do pecado original do literário: são estruturas de palavras, formas feitas de símbolos. "Dança de espadas", por exemplo, convida-nos a unir duas representações díspares, a da dança e a do combate, para que a primeira sature a última de alegria, mas não dialoga diretamente com nosso sangue, não recria em nós essa alegria. Schopenhauer (*Die Welt als Wille und Vorstellung*, 1, 52) escreveu que a música não é menos imediata que o próprio mundo; sem mundo, sem um caudal comum de memórias evocáveis pela linguagem, certamente não haveria literatura, mas a música prescinde do mundo, seria possível existir música sem que existisse mundo. A música é a vontade, a paixão; o tango antigo, enquanto música, costuma transmitir diretamente essa belicosa alegria cuja expressão verbal ensaiaram, em eras remotas, rapsodos gregos e germânicos. Certos compositores atuais vão em busca desse timbre valente e elaboram, às vezes com sucesso, milongas do baixo da Batería ou do Barrio del Alto, mas seus trabalhos, de letra e música estudadamente antiquadas, são exercícios de nostalgia do que se foi, lamentos pelo perdido, essencialmente tristes, mesmo que de toada alegre. As bravias e inocentes milongas registradas no livro de Rossi são o que *Don Segundo Sombra* é para o *Martín Fierro* ou para *Paulino Lucero*.

Num diálogo de Oscar Wilde, lemos que a música nos revela um passado pessoal que ignorávamos até aquele momento e nos faz lamentar desgraças que não nos aconteceram e culpas em que não incorremos; quanto a mim, confesso que não costumo escutar "O Marne" ou "Don Juan" sem recordar com precisão um passado apócrifo, ao mesmo tempo estoico e orgiástico, em que desafiei e combati, para no fim tombar, silencioso, durante um sombrio duelo a faca. Talvez a missão do tango seja esta: dar aos argentinos a certeza de terem sido valentes, de já terem cumprido com as exigências da coragem e da honra.

Admitida uma função compensatória do tango, resta um breve mistério por resolver. A independência da América foi, em boa medida, um feito argentino; homens argentinos combateram em distantes batalhas do continente: em Maipú, em Ayacucho, em Junín. Depois houve as guerras civis, a Guerra do Brasil, as campanhas contra Rosas e Urquiza, a Guerra do Paraguai, a guerra de fronteira com os índios... Nosso passado militar é farto, mas o que é indiscutível é que o argentino, ao querer pensar-se valente, não se identifica com ele (malgrado a preferência que dão as escolas ao estudo da história), e sim com as imensas figuras genéricas do *gaucho* e do compadre. Se não estou enganado, esse traço instintivo e paradoxal tem sua explicação. O argentino encontraria seu símbolo no *gaucho*, e não no militar, porque a valentia incutida àquele pelas tradições orais não está a serviço de uma causa e é pura. O *gaucho* e o compadre são imaginados como rebeldes: o argentino, diferentemente dos americanos do Norte e de quase todos os europeus, não se identifica com o Estado. Isso pode ser atribuído ao fato geral de que o Estado é uma abstração inconcebível;[24] o argentino na verdade é um indivíduo, não um cidadão. Aforismos como o de Hegel, "O Estado é a realidade da ideia moral", parecem-lhe brincadeiras sinistras. Os filmes realizados em Hollywood oferecem repetidamente à admiração o

24 O Estado é impessoal; o argentino só admite relações pessoais. Por isso, para ele, roubar verbas públicas não configura crime. Comprovo um fato, sem justificá-lo ou desculpá-lo.

caso de um homem (em geral um jornalista) que trata de fazer amizade com um criminoso para depois entregá-lo à polícia; o argentino, para quem a amizade é uma paixão e a polícia uma máfia, vê esse "herói" como um canalha incompreensível. Sente, com dom Quixote, que "cada um se vire com o pecado" e que "não fica bem que os homens honrados sejam verdugos de outros homens, não ganhando nada com isso" (*Quixote*, I, XXII). Mais de uma vez, diante das inúteis simetrias do estilo espanhol, desconfiei que somos irremediavelmente diferentes da Espanha; essas duas citações do *Quixote* foram suficientes para convencer-me de meu erro; elas são uma espécie de símbolo tranquilo e secreto de uma afinidade. Confirma-a profundamente certa noite da literatura argentina: aquela desesperada noite em que um sargento da polícia rural gritou que não consentiria o crime de matar-se um valente, e passou a lutar contra seus soldados, ao lado do desertor Martín Fierro.

AS LETRAS

De valor desigual, visto que sabidamente procedem de centenas de milhares de punhos heterogêneos, as letras de tango elaboradas pela inspiração ou pela indústria integram, passado meio século, um *corpus poeticum* quase inextricável que os historiadores da literatura argentina lerão ou, em todo caso, reivindicarão. O que é popular, desde que tenha se tornado incompreensível para o povo, desde que tenha se tornado antiquado com a passagem dos anos, obtém a veneração nostálgica dos eruditos e permite polêmicas e glossários. É verossímil que por volta de 1990 tenha surgido a suspeita ou a convicção de que a verdadeira poesia de nosso tempo não está na "Luz de província", de Mastronardi, mas nas composições imperfeitas reunidas em *El alma que canta*. A hipótese é melancólica. Uma negligência culposa me impediu de adquirir e estudar esse repertório caótico, mas não ignoro sua variedade e a abrangência crescente de sua temática. No início o tango não tinha letra ou, quando a tinha, era uma letra obscena e casual. Em alguns era rústica ("Eu sou a fiel companheira/ do nobre *gaucho* portenho"), pois os compositores estavam voltados para o elemento popular, e a periferia e a transgressão ainda não eram matéria poética. Outros, como a milonga congênere,[25] eram alegres e vistosas bravatas ("*En el tango soy tan taura/ que cuando hago un doble corte/ corre la voz por el Norte/ si es que me encuentro en el Sur*").* Em seguida, o gênero passou a narrar, como certos romances do naturalismo francês ou como certas gravuras de Hogarth, as vicissitudes locais do *harlot's progress* (*Luego fuiste la amiguita/ de un viejo boticario/ y el hijo de un comisario/ todo el vento te sacó*).** Em seguida veio a deplorada conversão dos bairros arruaceiros ou miseráveis à decência (*Puente Alsina/ ¿dónde*

25 *Yo soy del barrio del Alto,/ Soy del barrio del Retiro./ Yo soy aquel que no miro/ Con quién tengo que pelear,/ Y a quien en milonguear,/ Ninguno se puso a tiro.* [Eu sou do bairro do Alto/ Sou do bairro do Retiro./ Sou esse a quem não importa/ Com que vai ter de lutar,/ Esse a quem ninguém se iguala/ na hora de milonguear.]

* Eu sou no tango tão taura/ que se faço um duplo corte/ todos comentam no Norte/ se é que me encontro no Sul.

** Depois foste a amiguinha/ de um velho boticário/ e o filho de um comissário/ levou todo o teu dinheiro.

está ese malevaje? ou *¿Dónde están aquellos hombres y esas chinas,/ vinchas rojas y chambergos que Requena conoció?/ ¿Dónde está mi Villa Crespo de otros tiempos?/ Se vinieron los judíos, Triunvirato se acabó*).* Desde muito cedo, as aflições do amor clandestino ou sentimental haviam ocupado a imaginação dos letristas de tango (*¿No te acordás que conmigo/ te pusistes un sombrero/ y aquel cinturón de cuero/ que a otra mina le afané?*).** Foram escritos tangos de recriminação, tangos de ódio, tangos de zombaria e tangos de ressentimento renitentes à transcrição e à reminiscência. Toda a tralha da cidade foi entrando no tango; a bandidagem e o subúrbio não foram os únicos temas. No prólogo das sátiras, Juvenal escreveu memoravelmente que tudo o que move os homens — o desejo, o temor, a ira, o gozo, as intrigas, a felicidade — seria matéria de seu livro; com um exagero compreensível, poderíamos aplicar seu famoso *quidquid agunt homines* à totalidade das letras de tango. Também poderíamos dizer que essas letras formam uma vasta e desconexa *comédie humaine* da vida de Buenos Aires. É sabido que Wolf, em fins do século XVIII, escreveu que a *Ilíada*, antes de ser uma epopeia, era uma série de cantos e rapsódias; isso justifica, quem sabe, a profecia de que com o tempo as letras de tango venham a formar um longo poema civil, ou sugiram a algum ambicioso a composição desse poema.

* Puente Alsina,/ onde está essa malandragem?
Onde estão aqueles homens e aquelas chinas,/ faixas vermelhas e chambergos que Requena conheceu?/ Onde está minha Villa Crespo de outros tempos?/ Os judeus chegaram e Triunvirato acabou.

** Não te lembras que comigo/ tu pusestes um chapéu/ e aquele cinto de couro/ que de outra mina afanei?

A afirmação de Andrew Fletcher é bem conhecida: "Se me deixam escrever todas as baladas de uma nação, não me interessa quem escreva as leis"; a citação sugere que a poesia comum ou tradicional pode influir sobre os sentimentos e determinar a conduta. Se aplicamos essa conjectura ao tango argentino, veremos nele um espelho de nossas realidades e ao mesmo tempo um mentor ou modelo, de efeito sem dúvida maléfico. A milonga e o tango das origens podiam ser tolos ou, pelo menos, sonsos, mas eram briosos e alegres; o tango posterior é um ressentido que deplora, com exagero sentimental, as desgraças próprias e festeja desavergonhadamente as alheias.

Lembro-me de que por volta de 1926 eu costumava atribuir aos italianos (e mais especificamente aos genoveses do bairro da Boca) a culpa pela degeneração do tango. Naquele mito, ou fantasia, de um tango "*criollo*" estragado pelos "gringos", vejo hoje um claro sintoma de certas heresias nacionalistas que depois assolaram o mundo — por culpa dos gringos, evidentemente. Nem o *bandoneón*, que um dia declarei covarde, nem os aplicados compositores de um subúrbio fluvial foram os responsáveis pelo fato de o tango ser o que é, mas a República como um todo. Aliás, os *criollos* de antigamente, os que inventaram o tango, se chamavam Bevilacqua, Greco, de Bassi...

Ao ver-me denegrir o tango da época atual, alguém poderá objetar que a passagem da valentia ou fanfarronada à tristeza não é necessariamente culpável, e que pode ser indício de maturidade. Meu contendor imaginário pode muito bem acrescentar que o inocente e bravo Ascasubi é, para o lamentoso Hernández, o que o primeiro tango é para o último, e que ninguém — exceto, quem sabe, Jorge Luis Borges — se atreveu a inferir dessa diminuição de felicidade que *Martín Fierro* é inferior a *Paulino Lucero*. A resposta é fácil: a diferença não é apenas de tom hedônico: é de tom moral. No tango cotidiano de Buenos Aires, no tango dos serões familiares e das confeitarias respeitáveis, há uma canalhice singela, um sabor de infâmia de que os tangos da faca e do bordel não chegaram nem perto.

Musicalmente, o tango não deve ser importante; sua única importância é a que lhe atribuímos. A reflexão é correta, mas talvez seja aplicável a todas as coisas. À nossa morte pessoal, por exemplo, ou à mulher que nos desdenha... O tango pode ser discutido, e o discutimos, mas encerra, como tudo o que é verdadeiro, um segredo. Os dicionários musicais registram, e todos aprovam, sua breve e suficiente definição; essa definição é elementar e não promete dificuldades, mas o compositor francês ou espanhol que, apoiado nela, compõe corretamente um "tango", descobre, não sem estupor, que compôs uma coisa que nossos ouvidos não reconhecem, que nossa memória não abriga e que nosso corpo repele. Dir-se-ia que sem os entardeceres e as noites de Buenos Aires é impossível criar um tango, e que nós, argentinos, somos esperados no céu pela ideia platônica do tango, sua forma universal (essa forma que "La Tablada" ou "El choclo" não fazem mais que esboçar), e que essa espécie venturosa, embora humilde, tem seu lugar no universo.

O DESAFIO

Existe um relato legendário, ou histórico, ou composto de uma mistura de história e lenda (o que talvez seja outra maneira de dizer "legendário"), que comprova o culto da coragem. Suas melhores versões escritas podem ser encontradas nos romances de Eduardo Gutiérrez, hoje injustamente esquecidos: no *Hormiga Negra* ou no *Juan Moreira*; das versões orais, a primeira que escutei saíra de um bairro delimitado por uma penitenciária, um rio e um cemitério e que foi denominado Tierra del Fuego. O protagonista dessa versão era Juan Muraña, carreteiro e navalhista sobre quem convergem todas as histórias de coragem que circulam pelos subúrbios do Norte. Essa primeira versão era simples. Um homem de Los Corrales ou de Barracas, ao tomar conhecimento da fama de Juan Muraña (a quem nunca viu), sai de seu subúrbio do Sul para enfrentá-lo; provoca-o num armazém, os dois saem para lutar na rua; ficam feridos, e no fim Muraña o *marca** e lhe diz: "Te deixo vivo para que voltes a procurar-me".

O tom desapaixonado daquele duelo gravou-o em minha memória; minhas conversas (meus amigos que o digam) não prescindiram dele; por volta de 1927 escrevi-o com laconismo enfático e o intitulei "Hombres pelearon" [Homens brigaram]; anos depois, o caso contribuiu para que eu imaginasse um conto bem-sucedido, já que não bom, "Hombre de la esquina rosada"; em 1950, Adolfo Bioy Casares e eu voltamos a ele para compor o roteiro

* Referência à marca feita com ferro em brasa no gado — porém aqui a marca é feita com a faca.

de um filme que as produtoras recusaram com entusiasmo e que se chamaria *Los orilleros.* Acreditei, ao cabo de tão prolongadas fadigas, ter me despedido da história do duelo generoso; este ano, em Chivilcoy, recolhi uma versão muito superior dela, que, espero, seja a verdadeira, embora nada impeça que as duas o sejam, já que o destino se deleita em repetir as formas, e o que aconteceu uma vez acontece muitas vezes. Dois contos medíocres e um filme que considero muito bom saíram da versão menos boa; nada pode sair da outra, que é perfeita e cabal. Conto-a tal como me contaram, sem acrescentar metáforas ou paisagem. O caso, pelo que me disseram, deu-se no distrito de Chivilcoy, lá por mil oitocentos e setenta e tantos. Wenceslao Suárez é o nome do herói, que exerce o ofício de trançador e vive num ranchinho. É um homem de seus quarenta ou cinquenta anos; tem fama de valente e é altamente inverossímil (considerando-se os fatos da história que estou contando) que não deva uma ou duas mortes; essas, porém, cometidas de acordo com o protocolo, não perturbam sua consciência nem maculam sua fama. Uma tarde, na vida invariável desse homem, dá-se um fato insólito: na pulperia lhe dizem que chegou uma carta dirigida a ele. Dom Wenceslao não sabe ler; o vendeiro decifra lentamente uma missiva cerimoniosa, que tampouco deve ser de punho e letra de quem a remete. Em nome de amigos que sabem apreciar a destreza e a verdadeira serenidade, um desconhecido saúda dom Wenceslao, de cuja fama chegaram ecos à outra margem do Arroyo del Medio, e lhe oferece a hospitalidade de sua humilde morada, num povoado da província de Santa Fe. Wenceslao Suárez dita uma resposta ao vendeiro; agradece a fineza, explica que não tem coragem de deixar a mãe, já muito idosa, sozinha, e convida o outro a visitá-lo em seu rancho em Chivilcoy, onde não faltarão um churrasco e alguns copos de vinho. Passam-se os meses e um homem montando um cavalo ajaezado de modo um tanto diferente do usual na região se informa na pulperia sobre como chegar à casa de Suárez. Este, que veio comprar carne, ouve a pergunta e se identifica; o forasteiro o relembra das cartas que trocaram algum tempo antes. Suárez festeja o fato de que o outro tenha se decidido a vir; pouco depois os dois se dirigem a um campinho e Suárez prepara o churrasco. Comem, bebem e conversam. Sobre o quê? Imagino que sobre questões de sangue, questões bárbaras, mas com atenção e prudência. Almoçam, e o grave calor da sesta se abate sobre a terra quando o forasteiro convida dom Wenceslao a brincar um pouco com a faca. Recusar seria uma ofensa. Os dois fingem que lutam e no início brincam de brigar, mas em pouco tempo Wenceslao se dá conta de que o forasteiro tem a intenção de matá-lo. Entende, afinal, o sentido da carta cerimoniosa e deplora ter comido e bebido tanto. Sabe que se cansará antes do outro, que é ainda um rapaz. Com malícia ou cortesia, o outro lhe propõe uma pausa. Dom Wenceslao aceita e, assim que o duelo recomeça, permite que o outro fira sua mão esquerda, na qual enrolou o poncho.[26] A faca entra no punho, a mão fica como morta,

26 Montaigne menciona essa antiga maneira de combater com capa e espada em seus *Ensaios* (I, 49), e cita uma passagem de César: "*Sinistras sagis involvunt, gladiosque distringunt*" [Envolvem o braço esquerdo nos mantos e sacam os gládios]. Lugones, na página 54 de *El payador*, cita um trecho análogo no romance de Bernardo del Carpio: "*Revolviendo el manto al brazo,/ La espada fuera a sacar*".

pendurada. Suárez, com um grande salto, recua, apoia a mão ensanguentada no chão, pisa-a com a bota, arranca-a, acerta um golpe no peito do forasteiro e lhe abre o ventre com uma punhalada. Assim acaba a história, com a ressalva de que para alguns narradores o santa-feense fica caído no campo, enquanto para outros (que lhe recusam a dignidade de morrer) ele volta para sua província. Nesta última versão, Suárez usa a aguardente que restou do almoço para começar a tratar dos ferimentos do outro...

Na gesta do Maneta Wenceslao — assim Suárez passou a ser chamado, para sua glória —, a mansidão ou a cortesia de certas características (o ofício de trançador, o escrúpulo de não deixar a mãe sozinha, as duas cartas rebuscadas, a conversa, o almoço) amenizam ou acentuam com acerto a fábula terrível; tais características lhe emprestam um caráter épico e ao mesmo tempo cavalheiresco que não encontraremos, por exemplo, a não ser que estejamos determinados a encontrá-lo, nas escaramuças de bêbado do *Martín Fierro* ou na versão congênere e mais pobre da história de Juan Muraña e do homem do Sul. Um traço comum às duas versões é, talvez, significativo. Em ambas o provocador acaba derrotado. Isso pode ser uma decorrência da mera e ínfima necessidade de que triunfe o campeão local, mas também, e é o que preferiríamos, de uma condenação tácita da provocação nessas ficções heroicas ou, o que seria melhor ainda, da sombria e trágica convicção de que o homem sempre é artífice da própria desgraça, como o Ulisses do canto XXVI do *Inferno*. Emerson, que elogiou, nas biografias de Plutarco, "um estoicismo que não é das escolas, mas do sangue", não teria desdenhado a história de Juan Muraña.

Teríamos, assim, homens de vida paupérrima, *gauchos* e *orilleros* das regiões ribeirinhas do Prata e do Paraná, criando, sem dar-se conta, uma religião, com sua mitologia e seus mártires, a dura e cega religião da coragem, de estar preparado para matar e para morrer. Essa religião é velha como o mundo, mas teria sido redescoberta, e vivida, nessas repúblicas, por pastores, magarefes, tropeiros, vadios e arruaceiros. Sua música estaria nos estilos, nas milongas e nos primeiros tangos. Escrevi acima que a religião é antiga; lemos numa saga do século XII:

— Me diga qual é a sua fé — perguntou o conde.
— Creio na minha força — respondeu Sigmund.

Wenceslao Suárez e seu rival anônimo — juntamente com outros que a mitologia esqueceu ou incorporou a eles — sem dúvida professaram essa fé viril, que pode muito bem não ser uma vaidade, mas a consciência de que em todo homem está Deus.

XII
duas cartas

(*A publicação de um dos capítulos que compõem a* História do tango *valeu a seu autor estas duas cartas, que agora enriquecem o livro.*)

Concepción del Uruguay (Entre Ríos), 27 de janeiro de 1953

Senhor
Jorge Luis Borges

Li no *La Nación* de 28 de dezembro "O desafio".

Dado o interesse que o senhor manifesta pelos fatos da natureza daquilo que narra, penso que lhe será grato conhecer um que contava meu pai, falecido há muitos anos, afirmando ter sido testemunha presencial do mesmo:

Local: a charqueada San José de Puerto Ruiz, perto de Gualeguay, que operava com a marca Laurencena, Parachú y Marcó.

Época: anos 60.

Entre os empregados da charqueada, quase todos bascos, havia um negro chamado Fustel cuja destreza no manejo da faca ficou famosa além dos limites da província, como o senhor verá.

Um belo dia chegou a Puerto Ruiz um paisano vestido luxuosamente ao estilo da época: chiripá de merino negro, ceroulas franjadas, lenço de seda no pescoço, cinto coberto de moedas de prata, montando um bom cavalo ricamente ajaezado: freio, peiteira, estribos e cabeçada de prata com enfeites de ouro, e faca combinando.

Apresentou-se dizendo que vinha da charqueada Fray Bentos, onde havia tomado conhecimento da fama de Fustel, e que, considerando-se muito macho, desejava medir-se com ele.

Foi fácil pôr os dois em contato, e, não havendo motivos para nenhum tipo de malquerença, acertou-se o confronto para o dia e hora aprazados, naquele mesmo local.

No centro de um grande círculo formado por todo o pessoal da charqueada mais os vizinhos, teve início a peleja, em que os dois homens demonstravam admirável destreza.

Depois de um bom tempo de luta, o negro Fustel conseguiu atingir a testa do adversário com a ponta da faca, abrindo uma ferida que, embora pequena, começou a sangrar muito. Ao ver-se ferido, o forasteiro arremessou a faca para um lado e, estendendo a mão ao outro, disse: "Amigo, o senhor é mais macho".

Os dois ficaram muito amigos e, ao se despedirem, trocaram as facas em sinal de amizade.

Imagino que, narrada por sua prestigiosa pena, essa ocorrência, que acredito ser histórica (meu pai nunca mentiu), poderia ser-lhe útil para reescrever o roteiro de seu filme, trocando o título de *Los orilleros* para *Nobleza gaucha*, ou algo do estilo.

Cumprimenta-o, com especial consideração,

Ernesto T. Marcó

Chivilcoy, 28 de dezembro de 1952

Senhor Jorge Luis Borges, em *La Nación*

Prezado senhor:
Ref.: *Comentários a* "O desafio" (28/12/52)

Escrevo a presente com a finalidade de informar, e não de retificar, visto que o essencial não sofre nenhuma alteração, variando apenas algumas especificidades do fato.

Muitas vezes ouvi de meu pai os detalhes do duelo que serve de argumento para "O desafio", publicado no *La Nación* de hoje. Na época meu pai morava num campo de sua propriedade, situado nas cercanias da Pulpería de Doña Hipólita, cuja área próxima foi o cenário no qual teve lugar o terrível duelo entre Wenceslao e o paisano do Azul — o próprio visitante disse a Wenceslao que era do Azul, local até onde chegara a fama da destreza deste — que estava ali com o fito de definir posições.

Os dois rivais comeram perto de um monte de grama seca, sem dúvida estudando-se, e, talvez quando os ânimos esquentaram, surgiu o convite para um duelo feito pelo homem do Sul e aceito em seguida por nosso vizinho.

Sendo o do Azul muito ágil, tornava-se inatingível para a faca do rival, prolongando-se a contenda em detrimento de Wenceslao. Do alto do monte de grama, um peão de Doña Hipólita, que fechara as portas de sua pulperia diante da magnitude da ocasião, presenciava atemorizado as evoluções da luta. Wenceslao, decidido a vencê-la, descobriu a guarda, expondo o braço esquerdo protegido pelo poncho enrolado. O do Azul atacou como um raio, com um golpe terrível desferido sobre o punho do oponente, ao mesmo tempo em que a ponta afiada da lâmina de Wenceslao atingia um de seus olhos. Berros selvagens rasgaram o céu do pampa, e o azulino em fuga refugiou-se atrás da sólida porta da pulperia enquanto Wenceslao pisava sobre a mão esquerda pendurada por uma tira de pele para em seguida separá-la do braço com um golpe da faca, enfiar o toco do braço na peiteira da blusa e correr atrás do fugitivo, rugindo como um leão e reclamando sua presença para dar prosseguimento à luta.

Desde aquela ocasião, Wenceslao ficou conhecido pelo nome de Maneta Wenceslao. Vivia de seu trabalho e não provocava ninguém. Sua presença nas pulperias era penhor de paz, pois bastava sua enérgica advertência proferida com toda a calma, com voz viril, para desanimar os brigões. No meio daquela pobreza, foi um senhor. Sua vida simples teve importância porque sua personalidade orgulhosa jamais tolerou o insulto ou mesmo o desdém. Seu profundo conhecimento das fraquezas humanas levou-o a duvidar da imparcialidade da justiça da época, por isso habituou-se a aplicá-la ele próprio. No que diz respeito a sua própria sobrevivência, foi esse o seu erro.

Um gringo tratante obrigou-o a agir, e ali teve início sua desgraça. Uma alentada patrulha policial encurralou-o numa pulperia, aonde fora satisfazer seus vícios. A luta com arma branca, de cinco contra um, resolvia-se favoravelmente a Wenceslao quando o disparo certeiro de um policial derrubou para sempre o herói do lote 13.

O restante está correto. Morava num rancho com a

mãe. Os vizinhos, entre eles meu pai, ajudaram na construção. Nunca roubou.

Aproveito a oportunidade para saudar o talentoso escritor, com expressões de admiração e simpatia.

Juan B. Lauhirat

Esta obra foi composta em
Walbaum por Alexandre Pimenta,
e impressa em ofsete pela
Geográfica sobre papel
Pólen Soft da Suzano Papel
e Celulose para a Editora Schwarcz
em junho de 2017

FSC
www.fsc.org
MISTO
Papel produzido a partir de fontes responsáveis
FSC® C019498

A marca FSC® é a garantia de que a madeira utilizada na fabricação do papel deste livro provém de florestas que foram gerenciadas de maneira ambientalmente correta, socialmente justa e economicamente viável, além de outras fontes de origem controlada.